Werner Adelmaier
Michael Wandl

Geschichten erzählen 2 bis 4

So leb(t)en Menschen auf der Flucht

öbv & hpt, Wien
www.oebvhpt.at

In Verlagsgemeinschaft mit:
Ed. Hölzel, Wien
Verlag Jugend & Volk, Wien
www.e-LISA.at

Inhalt

Mit Bescheid des Bundesministeriums für Bildung, Wissenschaft und Kultur vom 2. Juli 2001, GZ. 43.314/5-III/D/13/01 gemäß § 14 Abs. 2 und 5 des Schulunterrichtsgesetzes, BGBI. Nr. 472/86, und gemäß den Lehrplänen 1999 als für den Unterrichtsgebrauch an Hauptschulen und an allgemeinbildenden höheren Schulen für die 2. bis 4. Klasse im Unterrichtsgegenstand Geschichte und Sozialkunde geeignet erklärt.

Dieses Werk wurde auf der Grundlage eines zielorientierten Lehrplans verfasst. Konkretisierung, Gewichtung und Umsetzung der Inhalte erfolgen durch die Lehrerinnen und Lehrer.

Bildung und Ausbildung kosten Geld: die Familie und die Gesellschaft.
Die Schülerinnen und Schüler erhalten die Schulbücher von der Republik Österreich aus den Mitteln des Familienlastenausgleichsfonds.
Bücher helfen nicht nur beim Lernen, sondern sind auch Freunde fürs Leben.

Die Autoren und der Verlag bitten, alle Anregungen und Vorschläge, die das vorliegende Buch betreffen an eine der folgenden Adressen zu senden:
öbv&hpt, Lektorat Geisteswissenschaften, Frankgasse 4, A-1090 Wien
E-Mail: ingrid.bernscher@oebvhpt.at

Umschlag: Gerhard Kuebel, Graz
Lektorat: Dr. Ingrid Bernscher

1. Auflage 2002 (1,00)

Hersteller: CH&ERN design, Wien
Printed in Austria
ISBN 3-209-**03557**-1 (öbv & hpt)
ISBN 3-12-**290021**-1 (Klett)

SchBNr. **105 298**
Geschichten erzählen 2 bis 4: Flucht
öbv & hpt, Wien
1. Auflage 2002

Menschen auf der Flucht

Flüchtlinge und Vertriebene gab es zu allen Zeiten. Immer wieder mussten Menschen aus
• politischen
• rassischen
• religiösen
• wirtschaftlichen
Gründen ihre Heimat verlassen.

- *Sammelt Materialien und Informationen über Einzelschicksale und gestaltet eine kleine Ausstellung zu dieser leider noch immer aktuellen Thematik.*
- *Nachdem du die Erzählungen dieses Heftes gelesen hast, ordne sie der links angeführten Einteilung zu.*
- *Die Bilder dieser Seite passen zu Geschichten dieses Heftes. Zu welchen?*

„Geht, geht oder ich werde euch mit Gewalt vertreiben“

Moses (um 1250 v. Chr.) eine geschichtliche, aber auch von Sagen umwobene Gestalt, ist der Ziehsohn der Pharaonentochter Tachait. Als er erfährt, dass seine leiblichen Eltern Sklaven sind, ist es sein einziges Ziel, auf Jahwes Befehl sie und sein Volk aus der Knechtschaft des Königs Amenmesse zu befreien.

Ibrim
Selbstbezeichnung der Israeliten
Meri
Selbstbezeichnung für Ägypten
Mose (Moses)
Ägyptischer Kurzname, in der Überlieferung Israels Name des Befreiers von überwiegend hebräischen Fronarbeitern aus Ägypten
Aharon
Gestalt der Mosezeit, Priester
Jahwe
„Er wird da sein“, israelischer Name für Gott
Furt
Seichte, durchwatbare Stelle eines Gewässers

Ja, es war Zeit aufzubrechen, höchste Zeit, bevor die *Ibrim* mit in den Untergang von *Meri* hineingezogen wurden! So hatte *Mose* sich gesagt, und mit dieser Überzeugung hatte er sich heute eilends mit *Aharon* aufgemacht, um mit *Jahwes* Befehl ein letztes Mal vor das Hohe Haus hinzutreten. Die Zeichen waren klar, eindeutig in ihrer Schrecklichkeit, wie konnte da der König noch länger zögern?
Er hob die Augen wieder auf und sagte nochmals zu Amenmesse: „Tu, was Jahwe befiehlt, König, lass mein Volk ziehen, bevor noch mehr Unglück geschieht.“
„Niemals“, flüsterte der König. „Aus meinen Augen!“
Da ging die Tür hinter ihm auf, jammernde Frauen rannten an ihnen vorbei. Hinter ihnen erschien die Königin. Sie trug ihr Kind auf dem Arm, trat zu Amenmesse und zeigte stumm auf ihren toten Sohn.
Amenmesse schluchzte laut auf, nahm das tote Kind in den Arm und schrie Mose und Aharon an: „Weicht von mir, ihr boshaften Zauberpriester, weicht von meinem Volk, ihr und eure Leute! Geht und dient eurem Gott, geht, geht oder ich werde euch mit Gewalt aus dem Land vertreiben.“ Dann brach er auf einem Stuhl zusammen und weinte über das tote Kind in seinem Arm.
Die Wachen aber jagten Mose und Aharon aus dem Palast.
Im Frühlicht des nächsten Tages brachen sie in Hast und Eile auf, so eilends, dass sie sich sogar die Mehlschüsseln mit dem unfertigen, noch nicht durchsäuerten Brotteig auf die Schultern laden mussten.
Aharon zählte gegen sechshundert Familien, dazu noch viele andere Leute. Mose drängte zur Eile. Denn er sagte: „Vielleicht bereut es der König und befiehlt: Holt mir die Ibrim und das übrige Volk zurück!“
Mose hoffte, die *Furt* Kenenas durch die Seenplatte offen zu finden. Diesen Weg hatte er mit Aharon, Mirjam und den Sippenältesten abgesprochen, und sie hatten seinen Plan gutgeheißen. Ihnen allen war es als zu

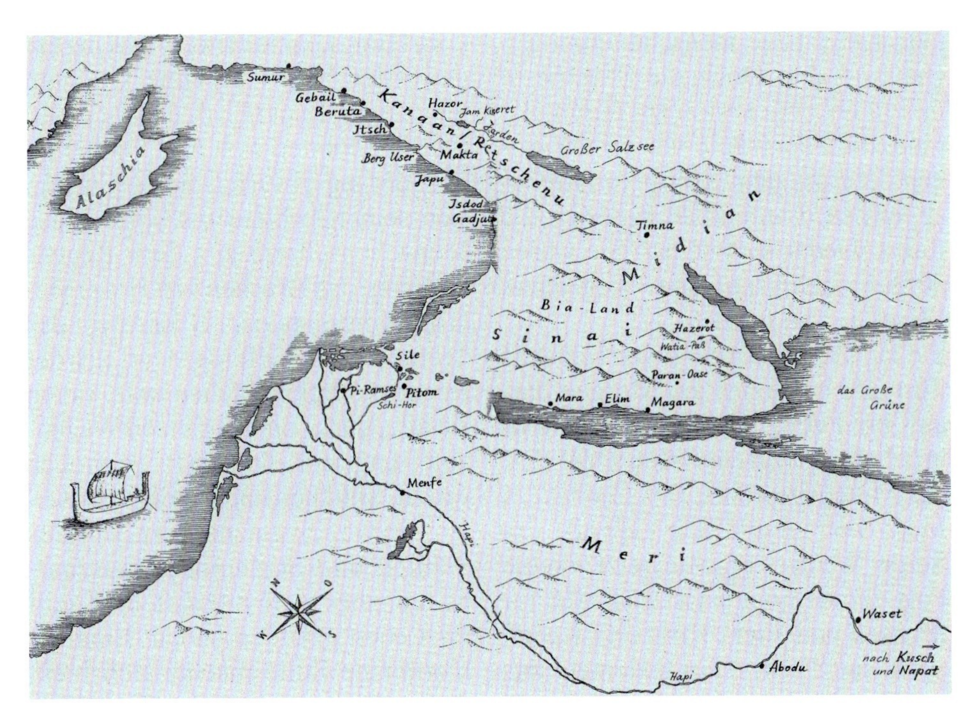

Meri – Selbstbezeichnung für Ägypten;
Hapi – ägyptischer Name des Nil;
Sinai – Halbinsel zwischen Ägypten und Arabien;
Retschenu – Bezeichnung für Kanaan

gefährlich erschienen, die Meeresküste auf dem *Hor*-Weg entlangzuziehen, der Festungs- und Aufmarschstraße Meris. Also blieb nur der Weg durch die Furt und von dort durchs große Leere, die Wüste. Doch wie langsam sich dieser Zug der fünf-, sechstausend Leute vorwärtsschleppte! Mose musste alles vergessen, was er auf der Militärakademie im Fach Logistik über Marschleistung, Versorgung und Nachschubsicherung gelernt hatte. Hier hatte sich ein ganzes kleines Volk auf den Weg gemacht, mit Kind und Kindeskind, mit Alten, Frauen und Mädchen, mit Sack und Pack. Und daran hatte Mose vorher auch nicht gedacht, oder er hatte sich's nicht so vorgestellt, was für Lasten die Ibrim aus Meri mitschleppen würden. All die Dinge, die sie aus den aufgebrochenen Königshäusern hatten: Leinen, Zeltstoffe, Matten, Öle, Krüge, Töpfe, Glas, Kupfer- und Bronzegefäße, Waffen, Silber, Gold, Wein- und Bierkrüge, und dann trieben sie außerdem noch Vieh vor sich her, Schafe und Ziegen, sogar Rinder und Kühe, und die Tragkörbe der Esel beulten sich von den Essvorräten an Linsen, Früchten, Zwiebeln, Knoblauch, Lattich, Gerste und Weizen, und dazwischen steckten noch die schweren Steinmühlen! Und er, Mose, war mit leeren Händen ins große Leere gegangen. Jetzt erst, beim Anblick dieses ganzen Aufwands, wurde ihm klar, was für eine Aufgabe er übernom-

Hor
Himmelsfalkengott

Retschenu
Bezeichnung für Kanaan
Kadesch
Große Oase zwischen Sinai und Negev

- *Erkläre: „Wer in der Schlacht gesiegt hat, stehe still wie bei einem Begräbnis."*
- *Sprecht über die Gestalt Moses auch in anderen Fächern, z. B. in Religion.*
- *Nach dem Bericht der Bibel empfing Moses die „Zehn Gebote Gottes" auf dem Berg Sinai. Welches der „Zehn Gebote" würdest du für die heutige Zeit als besonders wichtig bezeichnen?*

Mose, der Mann aus der Wüste

men hatte. Eine menschenunmögliche Aufgabe. Doch die Stimme in ihm blieb, eine Vision am Himmelsrand, die Feuersäule vor seinen Augen. Er hatte dem König ihre Leiber abgetrotzt, von nun an gehörten die Ibrim wieder sich selbst. Sie waren aufgebrochen, auf dem Weg dazu, Menschen zu werden.
Sie lagerten am Abend vor Kenenas Furt und begannen am Morgen darauf, hindurchzuziehen, vom Durchbruch des Frühlichts bis um die Zeit des Mittagsgewölks.
Mose betrachtete das Gewölk mit Sorge. Wenn es regnete, jetzt, wo die Furt gerade noch passierbar war für Mensch und Vieh, Kind und Kegel, Sack und Pack, dann bedeutete das eine Katastrophe. Aber es nutzte wenig, die Leute zu noch mehr Eile anzutreiben, der schlüpfrige Grund gab den Hufen und Füßen ohnehin nur unsicheren Halt. Von einem Sandhügel jenseits der Furt aus dirigierte Mose den Zug, so gut es eben möglich war, mit der Stimme durch die Lärmwolke zu dringen. Als die letzten Menschen und Tiere festen Grund erreicht hatten, zogen von Norden schon die Regenfahnen heran, und gleichzeitig sah Mose am anderen Ende der Schilfstraße eine Streitwagenabteilung auftauchen. Auch die Ibrim sahen sie und schrien laut vor Furcht.
Doch noch bevor die Gespanne die Mitte der Schilfwälder erreicht hatten, war die Furt vom aufschwemmenden Regenwasser, das in Kübeln vom Himmel schüttete, unpassierbar geworden. Die Gespanne krachten ineinander, Räder griffen nicht mehr, Pferde bäumten sich auf, wieherten in Todesangst, warfen die Wagen um. Von seiner Anhöhe aus hörte Mose Menschenschreie aus dem Regenvorhang, das Krachen von Holz, Metall, Kommandos, Hilferufe, das Trompeten der Pferde. Und als der Regen vorbeigestrichen war, sahen sie alle, dass von der ganzen Wagenabteilung nur Trümmer geblieben waren. Soldaten und Pferde versuchten verzweifelt umzukehren, sich aus Schlick und Schlamm herauszuarbeiten, aber viele mussten im Schilf ihr Leben gelassen haben. Eine beklommene Stille machte sich breit, denn eine große Gottesfurcht war über das Volk gekommen.
Und Mose kamen plötzlich die Kameraden seiner Militärzeit in den Sinn, und er dachte an Mena und Hori, seine beiden Mitstreiter im Land *Retschenu.* Lagen die vielleicht auch drüben mit unter den Toten im Schilf? Der Gedanke schnürte ihm den Hals zu.
Mirjam aber, die Seherin von *Kadesch,* hatte Frauen um sich versammelt, schwang die Handpauke und sang im Tanz: „Singt Jahwe, hoch erhaben ist er. Ross und Wagen warf er ins Meer!" Bis Mose ihr Einhalt gebot und sagte: „Menschen, Tiere sterben und verderben, und ihr singt? Wer in der Schlacht gesiegt hat, stehe still wie bei einem Begräbnis!"

Fahrt ins Ungewisse

Neben Abenteuerlust und Suche nach neuen Handelsplätzen trieben oft Missernten, Hungersnöte und Überbevölkerung die Menschen in Griechenland zur Flucht. Über drei Jahrhunderte hielt die Siedlungstätigkeit der Griechen an.

Um das Jahr 800 v. Chr. herrscht auf der Insel Thera große Not. Seit sieben Jahren hat es nicht mehr geregnet. In ihrer Bedrängnis schicken die Theraier eine Abordnung nach Delphi, zum Heiligtum des Gottes Apollo. Sie sollen dort die Priesterin des Gottes, Pythia, um Rat fragen. Denn Pythia teilt den Willen des Gottes im „Orakel“ mit. Und die Männer von Thera erfahren: „Wenn ihr Auswanderer nach Libyen schickt, dann wird es euch besser gehen.“

Auf Thera löst der Orakelspruch der Pythia große Ratlosigkeit, ja Bestürzung aus. Auswandern! Wo liegt überhaupt dieses Libyen? Wieder werden Männer ausgeschickt, diesmal nach Kreta. Sie sollen in Erfahrung bringen, ob schon einmal ein Kreter – von ihnen weiß man, dass sie viel herumkommen – in Libyen gewesen ist. Und tatsächlich! Nach langem Suchen findet sich ein Fischer, der behauptet, ein Sturm habe ihn einmal dorthin verschlagen. Ge-

Griechische Auswanderer

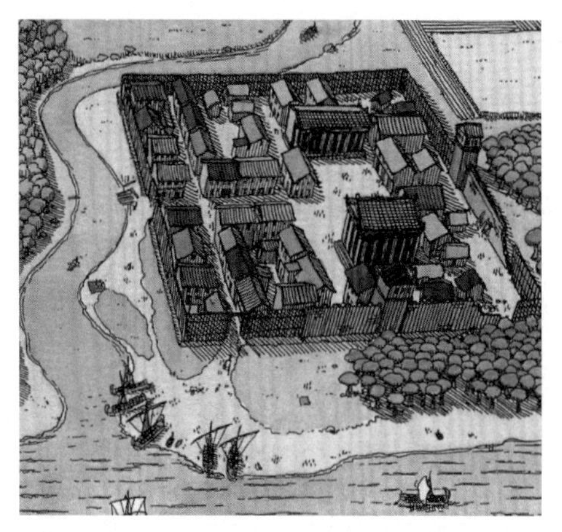

Rekonstruktionszeichnung einer Kolonieneugründung

gen eine reichliche Belohnung ist er sogar bereit, nach Thera mitzukommen und den Theraiern zu helfen.
Unter der Führung dieses Fischers brechen zunächst einige wenige Männer als Kundschafter auf. Ein banges Warten beginnt. Wochen, Monate. Da endlich sind die Männer zurück. Aber wo ist der Fischer? Die Zurückgekehrten berichten, dass sie die Insel Platea vor der Küste Libyens in Besitz genommen hätten. Der Fischer sei dort geblieben und warte bis zur Ankunft der Auswanderer. Nun beginnen emsige Vorbereitungen auf Thera. Die Auswanderer brauchen Schiffe und Proviant. Und vor allem: Wer soll fahren? Denn es gibt nur wenige Freiwillige. Deshalb wird in jedem der sieben Dörfer der Insel immer einer von zwei Brüdern durch das Los als Auswanderer bestimmt. Zwei Schiffe verlassen schließlich Thera – Richtung Platea. Die beiden Schiffe erreichen ohne besondere Schwierigkeiten die neue Heimat der Auswanderer. Doch diese sind mit ihrem Schicksal gar nicht zufrieden. Kaum haben sie sich auf der karstigen, sonnenverbrannten Insel etwas umgesehen, da besteigen sie wieder die Schiffe – zurück nach Thera! Sie wissen, dass man dort über ihre Rückkehr nicht begeistert sein wird. Aber es kommt noch schlimmer: Als die Schiffe in den Hafen einfahren, werden sie beschossen und den Auswanderern wird verboten, an Land zu gehen. Es bleibt ihnen nichts anderes übrig, als nochmals umzudrehen und wieder Platea anzusteuern.
Zwei Jahre bleiben die Männer auf dieser Insel. Doch das Leben ist mühselig. So setzen sie an die Küste Libyens über und siedeln sich zunächst in Küstennähe an. Einige Jahre später führen die Libyer die neuen Siedler ins Landesinnere. Bei einer reichlich sprudelnden Quelle gründen die Männer von Thera die Stadt Kyrene, die bald zu einer blühenden Kolonie wird.

- *Vergleicht die Gründe heutiger Flüchtlinge mit denen der Auswanderer im alten Griechenland.*
- *„Wir sitzen um unser Meer wie die Frösche um einen Teich“, sagte ein griechischer Philosoph. Was meinte er mit dieser Aussage?*

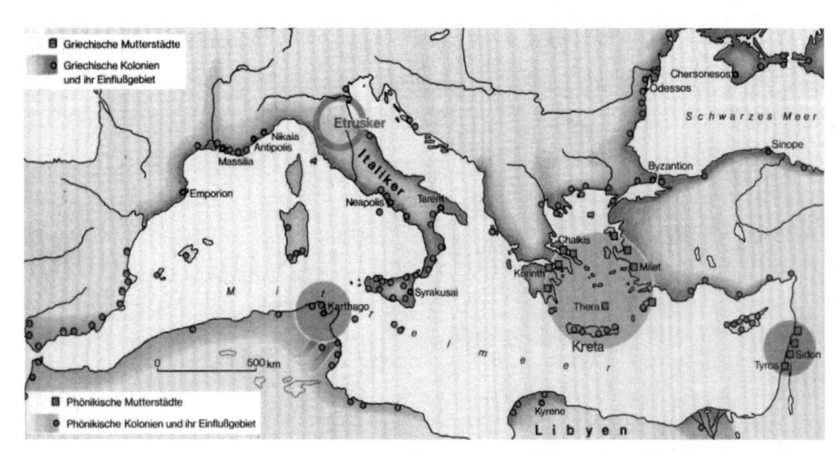

Wie die Frösche um den Teich

Xenophanes macht sich unbeliebt

Xenophanes von Kolophon (um 540 v. Chr.), griechischer Philosoph und Dichter, wandte sich gegen eine Vorstellung von Göttern, denen die Menschen alle eigenen Laster von der Unzucht bis zu Mord und Totschlag angedichtet hatten.

„Gute Reise, Xenophanes!", johlten die Gassenjungen von *Kolophon*, „Angenehme *Verbannung!*" und „Grüß' die weite Welt von uns!"
Sie warfen mit Steinen nach dem hageren Mann, nach seinem struppigen Eselchen, und einer traf den tönernen Krug, der am Sattel hing, so dass er zersprang und der rote Wein wie Blut über die Flanke des Esels rann.
„Gut geworfen, weiter so!", brüllte die Bande und drängte noch näher an Xenophanes heran, der sich mit einem Stock nur matt zur Wehr setzte. Mit der Linken hielt er seine Kithara fest, mit der er in der Fremde sein Brot zu verdienen hoffte.
Vielleicht würde er am Ende froh sein, irgendwelchen halbbarbarischen Zuhörern die Gesänge jenes *Homer* vortragen zu dürfen, gegen den er so entschieden gewettert hatte: „Alles hat Homer den Göttern angehängt, was Schimpf und Schand' ist, Stehlen, Lügen, Ehebrechen und einander zu betrügen."
„Fort mit dir, du Gotteslästerer!", brüllten die Burschen. „Verdufte, bevor uns deinetwegen Apollon die Pest oder Artemis das Fieber schickt!"
„Gotteslästerer!", dachte Xenophanes bitter. Wer lästerte denn die Götter ärger als jene, die ihnen alle menschlichen Schwächen und Verbrechen andichteten? Zeus ist hinter den Frauen der Sterblichen her, Hermes erweist sich schon in der Wiege als Meisterdieb – solche Vorstellungen von der Gottheit durchziehen die Dichtungen Homers, den die Griechen für den Größten halten. Dabei ist es doch ein plumper Irrtum, sich die Götter nach Aussehen und Wesen wie Menschen vorzustellen: „Wenn Ochsen Hände hätten und Pferde oder Löwen, und könnten Werke schaffen, genauso wie die Menschen, dann würden Ochsen Ochsen und Pferde nichts als Pferde und Löwen wieder Löwen zum Götterbild sich formen."
„Jetzt wäre er froh, wenn er ein bisschen schneller laufen könnte, der gute Xenophanes!" Ein vierschrötiger Bursche mit breitem, rotem Gesicht drängt sich durch die Menge und greift nach Xenophanes' Mantel. „Los, lauf schon, Halunke, sonst mach' ich dir Beine. Merkst du nun, dass flinke Füße mehr wert sind als dein bisschen Grips, auf das du dir so viel eingebildet hast?"

Kolophon
Altgriechische Stadt
Verbannung
Verbot des Aufenthalts in einem Gebiet auf Zeit oder Lebenszeit
Homer
Griechischer Dichter, lebte im jonischen Kleinasien des 8. Jh. vor Chr. Die Erzählungen (Epen) „Ilias" (Kampf um Troja) und „Odyssee" (Abenteuer des Odysseus) werden ihm zugeschrieben.

Xenophanes von Kolophon

Xenophanes weiß, wovon der Kerl redet, und gesteht sich ein, dass es ein Fehler war, sich abfällig über die Sportbegeisterung seiner Landsleute zu äußern: *„Wenn einer Läufer wäre und in Olympia siegte oder berühmter Boxer, ein Muskelprotz, ein Ringer, so wäre seine Stärke doch weniger wert als Wissen:*
Die Stadt, in der er lebte, die hätte keinen Nutzen von seinen langen Beinen, von seinen groben Fäusten."
Sein zweiter Fehler war es, ausgerechnet in einer Stadt Homer zu attackieren, in der der Sage nach dieser geboren worden war.
Sie hatten ihm offiziell das Bürgerrecht abgesprochen, deshalb suchte er nun unter dem Spott und den Steinwürfen des Pöbels das Stadttor zu erreichen.
Wohin sollte er sich wenden? Keine der kleinasiatischen Nachbarstädte Kolophons würde ihn aufnehmen, und auch im griechischen Mutterland hatte er mit seinen kritischen Gedanken auf keinerlei Sympathie zu hoffen.
Ob er irgendwo auf der Welt Menschen finden würde, die ihn verstehen würden? Die seine Vorstellung von Gott nachvollziehen könnten?
„Nicht viele Götter gibt es, nein, einzig nur den einen, der, uns in nichts vergleichbar, nur Auge, Ohr und Geist ist, stets bleibt am gleichen Orte und doch das Weltgeschehen mit seinem Willen lenket."
Xenophanes hatte sich bis zum Stadttor durchgekämpft, das Theramenes und Alkon bewachten. Die beiden waren seine Freunde gewesen, aber nun sahen sie an ihm vorbei, als wäre er Luft. Ja, ein Verbannter gilt noch weniger als ein Fremder unter den Griechen, denn der Fremde ist doch irgendwo zu Hause, aber der Verbannte hat keine Heimat mehr . . .
„Fort mit dir, du Lästerer! Fort, auf Nimmerwiedersehen!" Die letzten Steine treffen das Hinterteil des armen Esels. Dann trottet er mit seinem Herrn davon, hinunter ans Meer.
Xenophanes findet ein Schiff, das ihn mitnimmt in die Neue Welt, nach Sizilien, wo alles größer, reicher und schöner sein soll als im alten Griechenland. Xenophanes verdient sich die Überfahrt, indem er fremde und eigene Lieder zur Kithara vorträgt.
Dafür erzählen ihm die Seeleute von den mächtigen Städten des Westens, wo goldene Säulen am Hafen die Ankömmlinge begrüßen, damit sie gleich merken, dass sie aus einem Mutterland des Mangels in ein Paradies gekommen sind! Aber Xenophanes fragt nicht nach Gold und Silber, er fragt nach Freiheit.
„Dumme Frage", meint der Kapitän. „Da drüben darf jeder denken und reden, was er will. Du wirst staunen, wie viele originelle Köpfe du da drüben triffst, denen es in ihrer Heimat zu eng geworden ist."
Als Xenophanes in Katane, dem heutigen Catania, an Land ging, machte die Stadt durch ihre Größe

und ihre geradlinig verlaufenden, sich im rechten Winkel schneidenden Straßen gleich einen sehr günstigen Eindruck auf ihn. Bald lernte er als wandernder Sänger auch andere Orte Siziliens und Unteritaliens kennen und wurde in der Regel sehr freundlich aufgenommen. Seine kritischen Lieder lösten zwar gelegentlich hitzige Diskussionen, aber nie mehr Steinwürfe aus, und Xenophanes war glücklich.

Am glücklichsten war er, als ihm die Stadt Elea das Bürgerrecht verlieh. Die aus Kleinasien ausgewanderten Phokäer hatten sie südlich von Neapel gegründet; nun waren sie stolz, den mittlerweile berühmt gewordenen Sänger aufnehmen zu können. In Elea sammelte Xenophanes einen Kreis von Gleichgesinnten um sich, mit denen er kritisch und unkonventionell über die Welt nachdachte. So wurde er zu einem der ersten großen Denker des westlichen Abendlandes und gab mit seinen Fragen nach dem, was wirklich und was nur scheinbar existiert, den Anstoß zur Entwicklung kühner Denksysteme. Die Lehre von den Atomen, die Spätere entwickelten, geht mittelbar auf ihn und seine „eleatische Schule" zurück.

Ehe Xenophanes, fast hundertjährig, um 480 v. Chr. in Elea starb, blickte er auf ein reiches Leben zurück. Die schlimmen Jahre in Kolophon waren in weite Ferne gerückt: Er hatte sein Glück in Großgriechenland gefunden!

- *Nenne die Gründe, weshalb Xenophanes flüchten musste.*
- *Liste die Eigenschaften auf, die Homer den Göttern zugeschrieben hatte, doch von Xenophanes bezweifelt wurden.*
- *Warum ist so ein Aufwiegler für andere so gefährlich?*

Die Verbannung war ein typisch griechisches Mittel, Mitbürger loszuwerden, die sich unbeliebt gemacht hatten.

Ein entlaufener Sklave

Sklaven waren völlig rechtlos ihrem Herrn ausgeliefert. Selten gelang ihnen die Flucht . . .

Phokaia
Stadt in Kleinasien
phoinikisch
Phoiniker = Phöniker: Handels- und Seefahrervolk, gründeten viele Ansiedlungen, u. a. Karthago.

Der Himmel im Osten der Stadt war schon hell; auf der anderen Seite, über dem Meer, verblassten die Sterne allmählich. Die Schiffe im Hafen von *Phokaia* lagen still. Zu dieser Stunde kümmerte sich niemand um sie, nichts regte sich. Auch auf dem *phoinikischen* Lastensegler war nichts zu hören als das Schnarchen der Schläfer. Sie lagen auf den Planken des kleinen Verdecks vorn am Bug, auch auf dem anderen Verdeck am Heck des Schiffes, nur ein einziger im Laderaum, denn von den gegerbten Rindshäuten ging ein scharfer Geruch aus.

Dieser Mann im Laderaum lag zusammengekrümmt, als leide er an Magenschmerzen. Wenn der Wächter vorbeischritt, schenkte er dem Einsamen nur einen flüchtigen Blick. Sobald aber seine Schritte verklungen waren, regten sich zwei Hände, ein feines Knirschen erklang. Nicht zufällig hatte sich dieser eine Mann in den Laderaum zurückgezogen, keine Krankheit zwang ihn zu der sonderbaren Lage: Mit einem scharfen Stein wetzte er an den Bronzefesseln, die ihm die Fußknöchel umschlossen.

Während der Fahrt hatte er, wie alle anderen Sklaven der Mannschaft, sich frei an Bord bewegen dürfen, da konnte ja keiner an Flucht denken; sie wurden aber gefesselt, sooft das Schiff einen Hafen anlief. Die ganze Nacht über hatte er schon gearbeitet, nun musste die Kette endlich durchgerieben sein! Es war auch schon höchste Zeit: Im Morgengrauen konnte er noch hoffen, ungesehen das Ufer zu erreichen und sich irgendwo zu verstecken.

Phönikisches Schnellboot mit zwei Ruderreihen auf jeder Seite

Also rieb er eifrig, so gut es die schmerzenden Finger noch vermochten. Doch trotz seiner Hast und Ungeduld hielt er immer wieder inne und lauschte ängstlich, ob sich ein Schritt nähere.
Da, es war soweit! Vorsichtig hielt er die Kette fest, dass sie nicht klirrend auf die Planken falle. Die Metallbänder an den Knöcheln auch noch durchzuwetzen, dazu reichte die Zeit nicht. Er musste froh sein, dass er die Beine überhaupt wieder frei bewegen konnte. Noch wartete er; erst als der Wächter wieder vorbeigekommen war, erhob er sich vorsichtig und schlich die aufgestapelten Häute entlang. Zwei Schritte bis zur Bordwand, ein Sprung. Der Wächter wurde erst aufmerksam, als er in einiger Entfernung vom Schiff einen Kopf über dem Wasserspiegel bemerkte. Bis er begriff, dass da ein Sklave entflohen war, dauerte es noch eine Weile.
Der Flüchtling erreichte die Kaimauer, schwamm sie entlang, und als er eine erklimmbare Stelle fand, kletterte er hinauf. Er schaute zum Schiff zurück: Dort schrie jemand laut, aber noch war niemand ins Wasser gesprungen, ihn zu verfolgen. Vielleicht würden sie gar nicht schwimmen, sondern sich um ein Boot bemühen!
Einen Augenblick lang verspürte der Sklave den Wunsch, auf den Steinen niederzuknien und sie zärtlich zu betasten: nach drei bitteren, unendlich langen Jahren wieder daheim!

„*Pallas Athene,* Schützerin, hab' Dank!", mehr brachte er nicht hervor, er musste nach Atem ringen, doch gleich lief er weiter, den Weg entlang, den er als freier, glücklicher Jüngling oft gegangen war. Hatte er nun alle Not und Gefahr überstanden?
Zwei Bewaffnete stellten sich ihm in den Weg, kurze Speere richteten sich gegen seine Brust. „Halt!" Er war mehr verblüfft als erschrocken. Erst allmählich wurde ihm klar, dass diese Männer zustoßen würden, wenn er Widerstand leistete.
„Du trägst noch Fesseln an den Knöcheln", sagte der eine Krieger, ein kräftiger junger Mann, gewiss noch keine zwanzig Jahre alt. „Bist du von dem Frachtschiff dort geflohen?"
„Meinst du, er kommt vom Mond?", fragte der zweite Krieger seinen Gefährten. „Natürlich kommt er von dort. Schau nur, wie sich die Phoiniker aufgeregt gebärden. Sie werden ihn gleich wieder zurückholen."
„Ihr wollt mich ihnen zurückgeben?", rief der Flüchtling entsetzt. „Mich, einen Bürger von Phokaia, den Barbaren ausliefern?"
„Du sprichst Jonisch, ja, aber einen Bürger stelle ich mir anders vor. Wie willst du beweisen, dass du kein Sklave bist?"
„Führt mich zu meinem Vater."
„Wir dürfen unseren Posten nicht verlassen, aber wir können dich zum Hauptmann der Hafenwache bringen." Sie nahmen ihren Gefangenen

Pallas Athene
Schutzgöttin der Helden, der Städte, der Wissenschaften und der Künste

Modell nach dem assyrischen Vorbild (Seite 12)
Der lange Rammsporn diente zum Rammen und Versenken feindlicher Schiffe.

Agora
Griechische Heeres- oder Volksversammlung, später auch der Versammlungsort, danach der Marktplatz der griechischen Stadt

in die Mitte, doch er schritt schneller aus, als sie es gewohnt waren. Ihm war die Zeit kostbar, er wollte fort sein, bevor die Phoiniker anlangten! Dennoch begann er zu fragen:
„Seit wann gibt es bewaffnete Wächter im Hafen? Lebt ihr im Krieg?"
Die beiden Männer lachten. „Na, du weißt wenig von dem, was hier geschieht. Wann willst du denn Phokaia verlassen haben? Wer willst du sein?"
„Ich will nicht jemand sein, ich bin Sostratos, der Sohn des Ratsherrn Pythermos."
Er sprach zornig und erwartete, dass Name und Rang seines Vaters Eindruck machen würden. Die beiden lachten aber neuerlich auf.
„Das hast du dir klug ausgesucht! Pythermos kann nicht mehr Zeugnis für dich ablegen, er ist vor drei Tagen gestorben."
Sostratos blieb stehen. Nur langsam erfasste er den Sinn der Worte. „Mein Vater ist tot?" Er meinte, jemand schnüre ihm den Hals zu. „Vor drei Tagen gestorben?"
„Seit er aus Sparta zurückkehrte, vor einem Jahr etwa, war er kränklich. Die letzten Monate hat man ihn nicht mehr auf der Straße gesehen."
Sostratos brachte kein Wort hervor, jähes Schluchzen schüttelte seinen Körper. Er fuhr sich mit der Hand über die Augen, aber die Tränen waren nicht zu hemmen.
„Entweder kann er bewundernswert heucheln", sagte der eine Wächter zum anderen, „oder es ist wahr. Komm, wir bringen ihn zum Hauptmann."
Die Hafenwache war in einem Speichergebäude untergebracht, dort, wo die breite Straße von der Stadt her den Hafen erreichte. Durch eine niedrige Tür betraten sie einen fast völlig dunklen Raum. Es roch nach Schweiß und Leder. Der Hauptmann erhob sich unwillig von seinem Lager. Während er die Stiefel anzog und das Schwert umhängte, ließ er sich Bericht erstatten.
„Kommt hinaus ans Licht", sagte er schließlich, „den Kerl will ich mir genauer anschauen. Jenen Sohn des Pythermos habe ich oft genug auf der *Agora* gesehen. Wer hat ihn nicht gekannt? Der also behauptest du zu sein?"
Sostratos stand regungslos. Er fühlte sich gedemütigt, war entsetzt über solchen Empfang in der Heimatstadt, aber die Trauer um den Vater drängte alle anderen Empfindungen zurück. Der Hauptmann betrachtete ihn wie ein Händler ein Pferd oder ein Rind.
„Deine Haare sind geschoren, deine Schultern breit, die Arme kräftig wie die eines Rudersklaven. Jener Sohn des Pythermos war viel zarter, soweit ich mich erinnere."
„Ich habe ein Jahr lang bei einem Hirten gelebt, war dann Schwammfischer und Ruderknecht – meinst du, das hat keine Spuren hinterlassen?"
Der Hauptmann antwortete nicht, sondern wandte sich an einen seiner

Krieger. „Du kennst doch das Warenlager des Pythermos? Dort drüben, das dritte an der Uferstraße! Geh hin, hol einen der Leute herbei, irgend jemand wird doch über Nacht im Hafen geblieben sein." Dann betrachtete er seinen Gefangenen von Neuem. „Die Fesseln trägst du nur zufällig, nicht wahr?"
Der höhnische Klang der Worte erbitterte Sostratos. „Wenn mein Vater nicht mehr lebt", rief er, „führe mich doch zu meinem Bruder Phaidrias, zu Syagrios oder Philochoros, jeder Ratsherr kennt mich!"
„Die sind, wie mir scheint, eben jetzt alle bei der Leichenfeierlichkeit."
„Jetzt wird mein Vater bestattet? Und du hältst mich mit sinnlosen Fragen fest?" Sostratos machte einen Schritt in der Richtung zur Stadt hin, da packte ihn der Hauptmann am Arm.
„Werde nur nicht frech, du Hergelaufener! Ich lasse dich auspeitschen!"
Sostratos vermochte sich zu bezwingen; während drei Jahren hatte er es lernen müssen. „Du würdest es zu bereuen haben", sagte er ruhig. „Also gut, ich warte, bis die Leute meines Vaters kommen." Er drehte sich um. Da kam wirklich schon jemand die Hafenstraße entlang, gefolgt von dem Wächter, der ihn geholt hatte. Aber das war nicht der gute alte Karys, der krummbeinige Greis, der das Warenlager im Hafen verwaltet hatte! Wer mochte nur zu seinem Nachfolger bestellt worden sein?
Doch hinter diesen beiden Männern kamen andere hergelaufen, und die erkannte Sostratos sogleich: Es waren Phoiniker, unter ihnen der Aufseher über die Rudersklaven. Sie kamen, ihn auf das Schiff zurückzuholen!
„Da ist er!", schrie der Aufseher. „Gebt ihn heraus!"
„Wartet zunächst einmal", antwortete der Hauptmann. Dann wandte er sich an den jungen Mann, der mit dem Wächter gekommen war. „Du gehörst zum Gesinde des Pythermos?"

Reges Leben in einem phönikischen Hafen

„Ich führe die Aufsicht über die Speicher.“
„Als Freier oder als Sklave?“
„Ich bin Strattis, Sohn des Bauern Strymodoros, ein freier Bürger.“
„Gut, dann kann ich deine Aussage gelten lassen. Also, kennst du diesen Mann da?“
„Nein.“
Sostratos war blass geworden. Er spürte seine Knie zittern; er wusste, wie viel von den nächsten Augenblicken abhing. „Seit wann –“, begann er, doch der Hauptmann unterbrach ihn:
„Schweig! Du hast hier am wenigsten zu fragen.“
Zum Glück schien dieser Verwalter Strattis nicht dumm zu sein. „Hauptmann“, sagte er, „dein Krieger hat mir vorhin von diesem Mann erzählt. Dass ich ihn nicht kenne, spricht nicht gegen ihn, denn ich trat erst in die Dienste des Pythermos, als dessen Sohn schon abgefahren war. Lass mich mit ihm zu meinem jungen Herrn Phaidrias gehen. Der wird seinen Bruder wohl erkennen.“
„Nicht weggehen!“, schrien die Phoiniker. „Der gehört uns!“ Sie traten nahe an den Hauptmann, und Sostratos vernahm den hellen Klang von Silbermünzen. Auch Strattis musste es gehört haben, denn er stellte sich auf die Zehen, um Sostratos etwas zuflüstern zu können.
„Bring dich in Sicherheit, flieh zum nächsten Altar! Ich benachrichtige Phaidrias.“
Sostratos zögerte nicht mehr. Er sprang los und lief die breite Straße entlang, die zur Stadt führte.
Schon hörte er das Geschrei hinter sich: „Haltet ihn, haltet den entlaufenen Sklaven!“
Noch war niemand da, der den Ruf

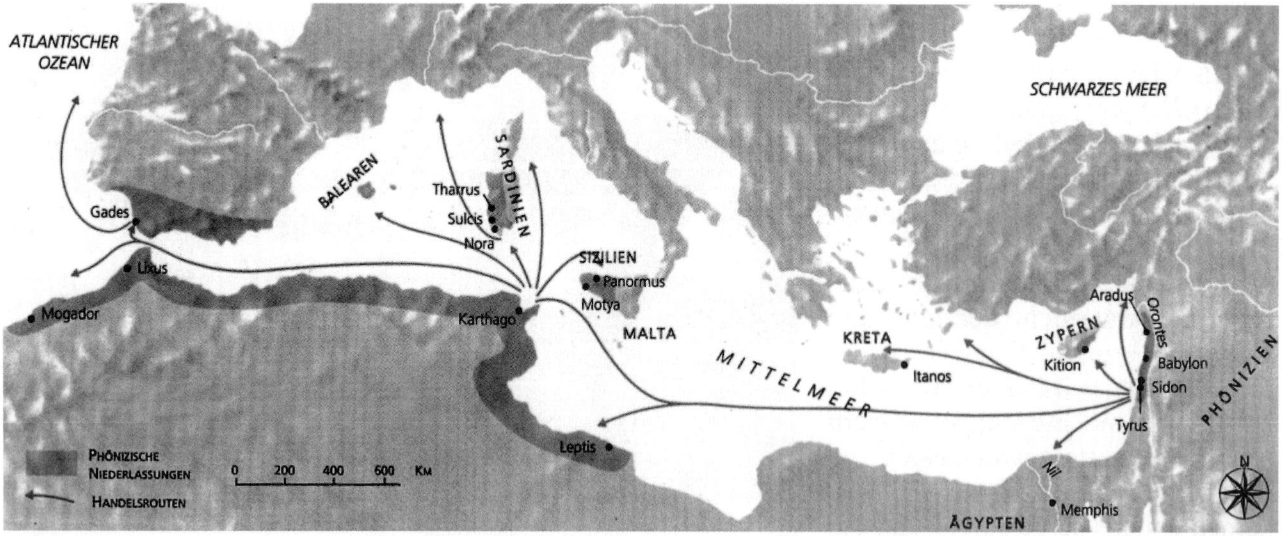

Phönikische Kolonien und Handelswege

hören konnte; die Straße lag frei, und Sostratos rannte, so rasch er nur konnte. Bis auf die Agora, bis zum Haus des Vaters würden seine Kräfte ausreichen! Doch da vorn kamen ihm Männer entgegen. Waren es Wächter, waren es Lastträger, die zur Arbeit gingen? Sostratos konnte es nicht unterscheiden. Jedenfalls würden sie ihn aufhalten.

Wenn er nicht das Vaterhaus erreichen konnte, wo würde er Zuflucht finden? Zu dieser Morgenstunde waren alle Häuser verschlossen; während er an eine Tür pochte, würden ihn die Phoiniker überwältigen. Aber dieser brave Strattis hatte ihm einen Altar angeraten. Ja, das war gut. Wo war nur der nächste zu finden? Die Schritte der Verfolger waren deutlich zu hören. Sostratos überlegte nicht länger, sondern wandte sich nach links, durch eine schmale Gasse bergauf. Den Weg zum Tempel der Athene auf der Stadtburg kannte er gut. War er auch weit, so würde doch die Göttin den besten Schutz gewähren!

Das Dach des Tempels glänzte bereits im Sonnenlicht. Über dem Gipfel grinste das steinerne Schreckbild der *Gorgo;* das runde Gesicht mit dem breiten Maul und den gefletschten Zähnen, von Schlangenhaar umrahmt, sollte alles Übel abwehren – die Gorgo würde auch die Phoiniker zurückhalten! Sostratos stöhnte glücklich auf, als er neben dem Altar niederkniete. Mit beiden Armen umschlang er den Stein, doch dann schien es ihm sicherer, richtig hinaufzuklettern: Was sich auf dem Altar befand, gehörte der Göttin und war menschlichem Zugriff entzogen. Er hörte das eigene Keuchen, das Blut hämmerte in den Schläfen. Da waren auch schon die Verfolger. „Hier ist er!"

„Ihr dürft ihn nicht anrühren!", rief der Wächter atemlos. „Er steht unter dem Schutz der Göttin." Sostratos blickte ihn dankbar an. Wären nur auch der Hauptmann und der zweite Krieger mitgekommen! Die Phoiniker berieten; die schienen sich nicht einig, ob eher eine Waffe oder einige Münzen die Bedenken des Wächters überwinden könnten.

„Pallas Athene!", flehte Sostratos laut. „Du hast mich bis hierher kommen lassen, nun rette mich auch aus der letzten Not!"

Immer mehr Menschen sammelten sich an, zumeist Kinder und Sklaven, aber auch einzelne Bürger. Der Wächter aus dem Hafen musste im-

Gorgo
Ursprünglich weibliches Ungeheuer

Sostratos und seine Verfolger

mer wieder Auskunft geben. Ein Greis hielt sich eifrig die Hand hinters Ohr; als er endlich alles verstanden hatte, stellte er sich würdevoll hin wie ein Redner auf dem Marktplatz.

„Ganz gleich, ob es der Sohn des Pythermos ist – hört ihr mich, Freunde, Mitbürger, Männer von Phokaia? Wenn er ein Grieche ist, ein Jonier sogar, dürfen wir ihn nicht den Phoinikern ausliefern!"

„Nein, das dürfen wir nicht!", schrien die Zuhörer. „Findet sich denn niemand, der ihn den Fremden abkauft?"

Sostratos empfand glücklich das Wohlwollen in diesen Worten. Jetzt, da schon etliche Männer herumstanden, konnten die Phoiniker nicht mehr Gewalt anwenden! Er schaute aufmerksam in jedes Gesicht. Erkannte ihn denn niemand? Waren wirklich alle Freunde bei der Totenfeier draußen vor der Stadt?

Die Sonne stieg höher, ihr gleißendes, hartes Licht lag auf dem Vorplatz des Tempels, und brennender Durst begann Sostratos zu peinigen. Die Neugierigen verliefen sich wieder, die Kinder begannen abseits im Schatten des Tempels zu spielen, ohne weiter auf Sostratos zu achten. Es war ja kein einmaliges Ereignis, dass jemand auf dem Altar um Schutz flehte! Nur die Phoiniker standen immer noch lauernd da, neben ihnen gähnte verdrossen der Krieger von der Hafenwache.

Aber da kam ein junger Mann dahergelaufen, ein zweiter folgte ihm. Diese Gesichter waren Sostratos vertraut! Während er noch zögerte, sie anzurufen, hatten sie ihn schon gesehen, blieben stehen, starrten ihn einen Augenblick lang zweifelnd an, dann erklangen zugleich ihre Stimmen.

„Sostratos! Der Göttin sei Dank!"

„Tryphon, Lykinos, liebe Freunde!"

Er sprang vom Altar hinunter, gerade in ihre Arme. Tränen rannen ihnen über die Wangen, ihre Fragen überstürzten sich, er musste antworten und wollte doch selbst so vieles erfahren!

Durch all diese freudig bewegten Menschen drängte sich einer der Phoiniker.

„Wenn das euer Freund ist", sagte er, „so haben wir ihn doch als Sklaven gekauft, und wenn ihr ihn behalten wollt, müsst ihr uns entschädigen."

„Wir haben jetzt andere Sorgen als deine schmutzige Habgier!", rief Lykinos, nahm sein Mäntelchen ab und hängte es dem Freund um die nackten Schultern. Der Phoiniker ließ sich aber nicht abweisen, sondern ging hinter den drei jungen Männern in die Stadt hinab. Bald folgten ihnen noch viel mehr Leute, alte Bekannte und andere, die nur das große Ereignis einer Heimkehr miterleben wollten.

- *Wie wurde man zum Sklaven? Welche Möglichkeiten gab es, sich aus der Sklaverei zu befreien?*
- *Sostratos kann sich zum Altar der Athene retten. Welche Asylrechte kennst du noch?*

Stadtluft macht frei!

Die Bevölkerung der Städte setzte sich anfangs aus Menschen sehr unterschiedlicher Herkunft zusammen. Freie Bauern, Handwerker, Händler hatten sich hier angesiedelt. Sie versprachen sich vom Marktverkehr bessere Erwerbsmöglichkeiten und Lebensbedingungen sowie größere Sicherheit. Auch Hörige flohen in die Stadt, weil Grundherren sie nicht selten wie Sklaven behandelten. Sie wurden frei, wenn sie ein Jahr in der Stadt lebten, ohne dass sie der Grundherr zurückrief: Stadtluft macht frei! So verschwanden in der Stadt die Unterschiede zwischen Freien und Unfreien, wenn auch nicht alle Stadtbewohner „gleich" waren.

New-Castle-on-Tyne
Hafenstadt an der Ostküste Englands

Heute ist ein großer Feiertag in *New-Castle-on-Tyne.* Die Stadt feiert an diesem Tag ein Jubiläum! Auf den Tag zehn Jahre ist es her, dass König Heinrich I. die Stadt besucht hat. Nicht der Besuch allein veranlasst die Bürger diesen Tag jährlich zu feiern. Nein, es waren die mit diesem Aufenthalt verbundenen Rechte, die er der Stadt verliehen hatte. Sie waren entscheidend für den wirtschaftlichen Aufschwung. Natürlich kann im Mittelalter ein solcher Feiertag nicht ohne den Segen der Kirche gefeiert werden, denn das Leben der Menschen ist eng mit der Religion verbunden.

Sehen wir uns die lange Prozession genauer an, die sich durch die engen, holprigen Gassen bewegt: Die ganze Stadt ist auf den Beinen. Heute hat man Gelegenheit nach Herzenslust

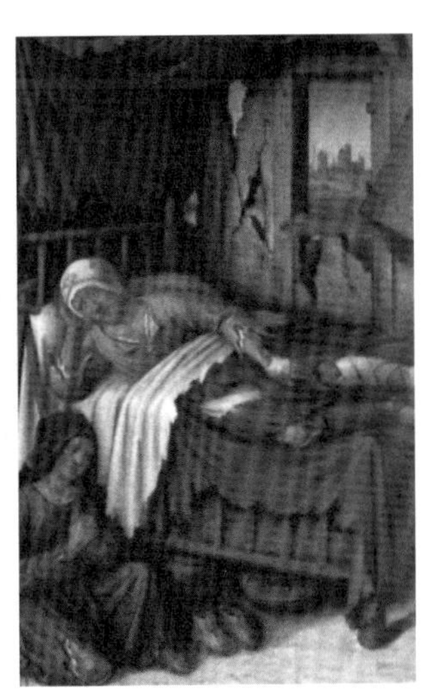

Patrizier – Handwerker, Knechte, Mägde – Taglöhner

Pluderhose
Weite Kniehose
walken
Fasern in feuchtwarmem Zustand durch Stoßen, Stampfen und Pressen verfilzen

- *Nenne Gründe, warum unfreie Bauern in die Stadt flohen.*
- *Welche Bedingungen mussten sie erfüllen, um frei zu werden?*
- *Gibt es heute noch Menschen, die in Städte fliehen? Denke dabei an Entwicklungsländer.*
- *Welche Stellung und welchen Einfluss besaßen die einzelnen Gruppen?*

über die Zustände in New-Castle zu diskutieren und zu hören, was andere darüber denken.
„Ich bereue es nicht, dass ich mein Elternhaus verlassen habe und in die Stadt gezogen bin", erklärt ein junger Mann namens Edmund einem Kollegen. Er gehört der Zunft der *Walker* an. Entsprechend ihrem Berufsstand tragen sie heute blaue *Pluderhosen* aus selbstgefertigtem Wollstoff.
„Das verstehe ich, Edmund." Dem Kollegen Thomas geht es ähnlich. „Man muss zwar auch in der Walkmühle schwer arbeiten, und dieses ständige Stampfen der Wolltücher geht ganz schön in die Beine, aber man ist wenigstens ein freier Bürger dieser Stadt und von keinem launischen und oft ungerechten Grundherrn abhängig! Und als Bürger der Stadt habe ich auch das Recht mit meinem Haus und meinem Garten zu machen was ich will! Ich muss keinen um Erlaubnis fragen, wenn ich etwas verkaufen möchte."
„Du tust ja so, als wärst du längst glücklicher Hausbesitzer", reißt ihn Edmund aus seinen Träumen. Er weiß genau, dass Thomas noch im Haus seines Meisters wohnt und dort mithelfen muss. Nach den Walkern kommen noch andere Zünfte. Da gibt es Maurer, Steinmetze, Gerber, Bäcker, Schneider, Fischer, Metzger (Fleischhauer) und viele andere.
Doch mischen wir uns unter die Kaufleute, die ihres Wohlstands wegen mit an der Spitze des Zuges gehen. Sie sind besonders prächtig gekleidet. Über einem mit Brokatborte verzierten Gewand tragen sie einen dreiviertellangen Mantel aus feinem, roten Tuch.
Da erhebt sich die laute Stimme eines Kaufmanns: „Der König profitiert ganz schön von unserem Wohlstand. Wir sind zwar freie Händler, die keine Zölle mehr zahlen müssen, aber wir müssen zweimal im Jahr unsere genau festgelegten Steuern zahlen. Den königlichen Beamten entgeht nichts ..."
„Trotzdem geht es uns viel besser als den Bauern, die auf Gedeih und Verderb den Grundherren untertan sind; das müsst ihr doch zugeben!" entgegnet ein anderer Kaufmann. „Und ist es denn nicht die Hauptsache, dass es uns gut geht?..."

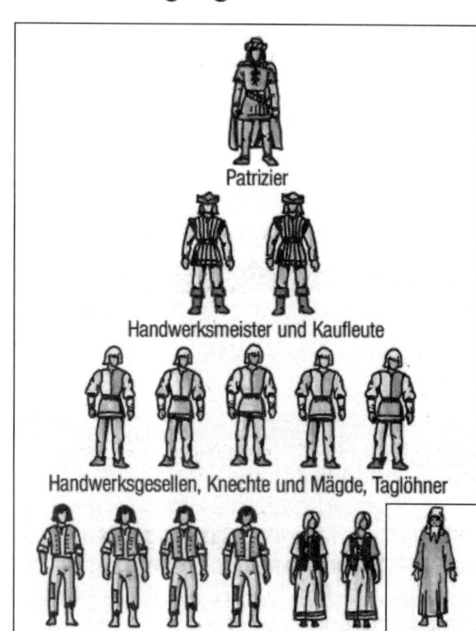

In der Stadt gibt es verschiedene Gruppen von Bürgern.

Flucht nach Preußen

Ein Beispiel für eine Vertreibung aus religiösen Gründen ist die Ausweisung der Protestanten aus Salzburg im 18. Jahrhundert.
Ausgerechnet am 31. Oktober, dem Reformationstag des Jahres 1731, unterzeichnete der geistliche Landesfürst von Salzburg, Erzbischof Leopold Anton von Firmian, das berühmt berüchtigte Emigrationspatent, wonach über 20 000 Salzburger Protestanten ihre Heimat verlassen mussten. In dieser Zeit war es den Landesherren erlaubt, die Religion ihrer Untertanen zu bestimmen. „Cuius regio, eius religio– wes die Herrschaft, des der Glaube!“
Friedrich Wilhelm I. von Preußen nahm die Flüchtlinge in sein Land auf. Die Einsicht, dass weltanschaulicher Zwang einem modernen Staat schadet, verschaffte Preußen einen weiteren Vorsprung vor anderen Königreichen. Nur zu gerne nahm das dünn besiedelte Land fähige Neubürger auf, die die Engstirnigkeit anderer Landesherren vertrieben hatte.

Emigration
Das freiwillige oder erzwungene Verlassen des Heimatlandes aus religiösen, politischen, wirtschaftlichen oder rassischen Gründen.

„Die viele Arbeit wächst einem über den Kopf!“, beschwert sich Ernst Puntzel bei seinem alten Gönner Gottfried von Unfried. Die beiden sitzen in Gottfrieds Stube in der Königsberger Jungergasse und unterhalten sich über den Lauf der Dinge. Es ist das Jahr 1733. Ernst ist Amtsschreiber und hat tatsächlich viel zu tun in diesen Wochen und Monaten. Genau gesagt, seit König Friedrich Wilhelm I. den Lutheranern, die der Salzburger Erzbischof Leopold Anton von Firmian aus seinem Land vertrieben hatte, die Ansiedlung in Ostpreußen erlaubte.
Um diese Leute und wie die Arbeit bei ihrer Eingliederung läuft, darüber geht es in erster Linie in dem Gespräch zwischen Gottfried und Ernst. Denn schließlich hat Gottfried durch seine Fürsprache Ernst den

Zeitgenössisches Flugblatt, das Friedrich Wilhelm I. für die Aufnahme vertriebener Salzburger Protestanten feiert.

Hugenotten
Protestanten in Frankreich
Distrikt
Verwaltungsbezirk

Vor 270 Jahren verließen 20 000 Salzburger ihre Heimat.

Posten des Schreibers verschafft und fühlt sich jetzt mit verantwortlich.
„Es ist eine elende Schinderei, tagein, tagaus bei den Verhören der Einwanderer dabei sein zu müssen und anschließend auch noch all die Protokolle zu schreiben", jammert Ernst Puntzel. „Wenn wirklich 15 000 bis 20 000 Salzburger kommen, wie man erwartet, drehe ich eines Tages durch. Ich kann ihre Namen schon nicht mehr hören. Possenecker, Hundsdorffer, Schwaiger, Birnbaum oder Hinterhofer. Und dieser seltsame Salzburger Dialekt, der einen zwingt, dreimal nachzufragen, bis man eine Aussage begriffen hat, geht mir auch gewaltig auf die Nerven! Außerdem weiß ich überhaupt nicht, was diese ganze Fragerei am Ende bezwecken soll."
Gottfried hat Ernsts Klagen geduldig angehört. Bereitwillig klärt er ihn jetzt auf: „Das hat schon seine Ordnung. Zum Beispiel muss man ja feststellen, welche Vermögens- und Grundstückswerte die Einwanderer zu Hause zurückließen, als sie ihre Heimat Hals über Kopf verlassen mussten, damit man das Vermögen eines Tages einziehen und den Leuten zukommen lassen kann."
Ernst äußert weiter seinen Missmut: „Ich habe da zwar nicht mitzureden, aber ganz verstehe ich trotzdem nicht, warum man diese Salzburger überhaupt nach Preußen lässt. Bei allem Respekt vor den religiösen Motiven unseres Königs!" Gottfried versucht zu erklären. „Mit Religion hat das erst in zweiter Hinsicht etwas zu tun. In erster Linie ist das ein Teil der neuen Bevölkerungspolitik von Friedrich Wilhelm I. Die ‚Innere Kolonisation' nennt man das.
Ihr Ziel ist, in den östlichen Grenzgebieten Preußens die Landwirtschaft wieder auf Vordermann zu bringen, indem man neue Bauern ansiedelt. Ihr wisst ja sicherlich, dass die Pest in den Jahren 1709/10 die Gegend hier regelrecht entvölkert hat. Das versucht man jetzt auszugleichen und nichts anderes.
Die Idee, Glaubensflüchtlingen eine Zuflucht zu geben, ist allerdings schon älter. Bereits der Große Kurfürst hat vor über 50 Jahren die *Hugenotten* aus Frankreich ins Land gerufen. Und man muss sagen, dass sie das wirtschaftliche Leben in Preußen ungemein bereichert haben."
„Ja, das weiß ich wohl, dass der Kurfürst auf jede Weise Ansiedler herbeizog und insgesamt die Landwirtschaft gefördert hat", nickt Ernst. „Mein Großvater hat das am eigenen Leibe erlebt. Denn er wohnte zufällig in einem der *Distrikte,* in denen eine Heirat vorübergehend nur dann erlaubt war, wenn einer sechs Obstbäume gepflanzt hatte. Ausgerechnet zu jener Zeit hat er meine Großmutter kennen gelernt. Den beiden hat die Bestimmung ganz schön zu schaffen gemacht".
Gottfried übergeht die Bemerkung und spinnt seinen Faden weiter: „Die Einwanderung der Salzburger dient also der Wirtschaft unseres Landes,

ebenso wie zum Beispiel der Ausbau von Kanälen. Auch in dieser Hinsicht hat übrigens schon der Große Kurfürst ein Vorbild gesetzt, indem er Elbe und Oder über Spree und Havel durch den Friedrich-Wilhelm-Kanal miteinander verband und damit Preußen vom Stettiner Hafen unabhängig machte, der damals noch zu Schweden gehörte."
Ernst hat eine Frage, die zu diesem eigentlichen Thema passt. „Stimmen eigentlich die Gerüchte, die ich gehört habe? Dass nämlich am Hof der wahnwitzige Gedanke aufgetaucht ist, ob man nicht den Oderbruch entwässern könnte, um Nutzland daraus zu gewinnen?"
Sein Gönner zuckt die Achseln „Ich weiß nicht, was daran stimmt. Ich habe auch schon davon gehört. Auf jeden Fall wird es noch ein paar Jahre dauern, bis solche Pläne ausgearbeitet sind – falls überhaupt."
Es ist spät geworden und Ernst muss nach Hause, denn morgen steht ihm wieder ein langer Arbeitstag in der Schreibstube bevor. Eines ist ihm an diesem Abend jedoch klar geworden: Seine preußische Heimat ist auf dem besten Weg von einem rückständigen Agrarland zu einem wirtschaftlich blühenden Staat. Und seine Arbeit trägt ein bisschen dazu bei, auch wenn er nur eines der kleinsten Rädchen im Getriebe der Behörden ist!

Das Exulantenlied

I bin ein armer Exulant,
A so thu i mi schreiba,
Ma thuet mi aus dem Vatterland
Um Gottes Wort vertreiba.

Das waß i wol, Herr Jesu mein,
Es ist dir ah so ganga,
Itzt will i dein Nachfolger sein,
Herr, mach's nach deim Verlanga.

Ei Pilgrim bin i holt numehr,
Mueß rasa fremde Strosa,
Das bitt i di, mein Gott und Herr,
Du wirst mi nit verloßa.

Den Globa hob i frey bekennt,
Des dorf i mi nit schäma,
Wenn mo mi glei ein Ketzer nennt,
Un thuet mirs Leba nehma.

Exulant
Verbannter
Pilgrim
Pilger, Wallfahrer

- *Welche Bedeutung hat Toleranz und im Besonderen religiöse Toleranz heute?*

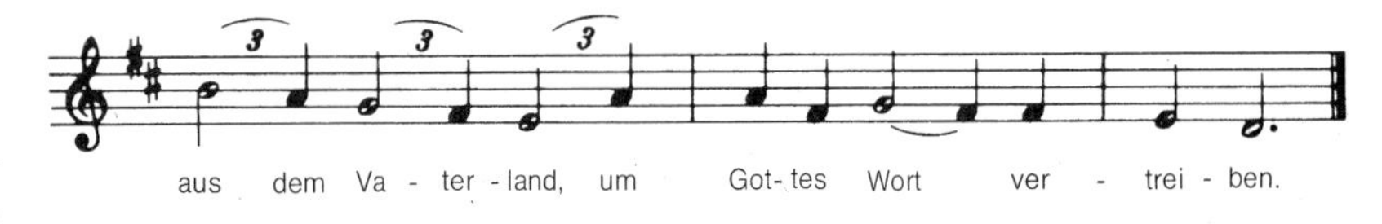

Joseph Schaitberger, Exulantenlied abgedruckt u. a. in: Willkommengruß und Abschieds-Kuß, Augsburg 1732, SLA, Salzburg

Nichts hält uns in Irland zurück!

Seit dem 17. Jahrhundert wanderten Europäer aus religiösen, politischen oder wirtschaftlichen Gründen in die Neue Welt aus. Es waren Deutsche, Holländer, Schotten, Franzosen und vor allem Iren.
Während der großen Hungersnot in Irland (1845 –1849) wandert auch der zwölfjährige Eamonn mit seiner Mutter und seinen Brüdern nach Amerika aus. Seine kleine Schwester, sein Vater und seine Großmutter sind bereits an Hunger, Kälte und Krankheit gestorben. Das Geld für die Überfahrt hat ihnen seine Freundin geschenkt.

Takelage
In der Seemannssprache die Segelausrüstung eines Schiffes
Reling
Schiffsgeländer, -brüstung

Ganz am Ende des engen Mittelgangs, im dunkelsten Teil des Frachtraums, fanden sie ihre beiden Kojen. Eamonn glaubte zu ersticken. Kates Mutter hatte gesagt, die Seeluft würde ihnen guttun und sie würden schon bald so gesund aussehen wie seit Jahren nicht mehr. Doch die Luft, die man hier einatmete, roch nach Krankheit und dem Schweiß von tausend Körpern, die in den dunklen Laderaum gepfercht waren.
Vier Masten hatte das riesige Schiff. Die *Takelage* sah aus wie ein gewaltiges Spinnennetz. Doch um in See zu stechen, musste die „Nimrod" nicht warten, bis der Wind die Segel blähte. Schwarze Rauchwolken quollen aus dem riesigen Schornstein am Heck des Schiffes, so dass es schien, als hätten sie das dunkle stinkende Höllenloch unten nur verlassen, um im Rauch der Höllenfeuer oben an Deck zu ersticken. Aber dann fanden sie heraus, dass an der anderen Seite des riesigen Schornsteins die Luft so klar und sauber war, dass sie sogar das Salz riechen konnten. Eamonn atmete mehrmals tief durch.
„Die letzte Möglichkeit, Junge, die Meinung zu ändern und zurück an Land zu gehen", scherzte ein Mann neben Eamonn. Der grinste und klammerte sich an die *Reling,* als ihn ein Schwall von Menschen, die ihren Verwandten noch einmal zuwinken wollten, fortzuschieben drohte. „Ach was! Nichts hält uns in Irland zurück!"
Aber Kate blieb in Irland. Was würde aus ihr werden, wenn vielleicht ganz Irland am Typhusfieber erkrankte? Er bemühte sich, nicht auf das Gedränge hinter sich zu achten, und suchte die Kaimauer nach Kate und ihrem

Auswanderer: Gemälde von Gerald Farasyn

Großvater ab. Sie waren den weiten Weg bis nach Dublin gekommen, um sich zu verabschieden, und jetzt mussten sie irgendwo in der Menge von Menschen sein, die mit Taschentüchern winkten und weinten und schrien.
Es wunderte ihn sehr, wie traurig er letzten Endes doch war, Irland zu verlassen. Er versuchte, Kate in der Menschenmenge zu erspähen. Er sehnte sich richtig nach den Landstraßen um Tullamore und den Bergen von Balllinglas. Doch dann zwang er sich, vernünftig zu sein und an all die schrecklichen Dinge zu denken, die seiner Familie widerfahren waren. Es gab keinen Weg zurück. Er hatte dort kein Zuhause mehr, denn die Pacht für das Zimmer in Tullamore war abgelaufen.
„Pst, Mutter! Sieh nur, da ist Kate. Und der Anker wird schon hochgezogen."
Kate hielt die Augen fest auf Eamonn gerichtet, und auch er schaute sie unverwandt an, während das Schiff langsam den Hafen verließ. An der Hafenausfahrt wendete das Schiff, so dass Eamonn und seine Mutter jetzt das offene Meer vor Augen hatten. Und Eamonn schaute sich nicht mehr nach Irland um.
Kate starrte dem Schiff so lange nach, bis es nur noch ein grauer Schatten am Horizont war. „Vergiss nicht, uns zu schreiben", flüsterte sie.
„Die sind allesamt verrückt. Ein Schiff voller Narren."
Kate starrte noch immer auf den Punkt, wo das Schiff am Horizont verschwunden war. Großvater aber drehte sich um. Ein alter Mann, klein und hager mit wässrigblauen Augen und schwarzgrauen Haaren wie ein alter Dachs, stand dicht hinter ihnen und sah aufs Meer hinaus.
„Sehen Sie sich doch die Horde an! Kaum einer von ihnen spricht ein Wort Englisch, und alle träumen sie vom großen Glück in Amerika. Pah!" Er spuckte ins Hafenbecken und begann zu husten. „Wenn man die reden hört, könnte man meinen, die Straßen dort drüben wären mit Gold gepflastert und der Präsident der Vereinigten Staaten würde sie höchstpersönlich in New York empfangen." Seine Stimme war heiser und bitter wie übelschmeckende Arznei.
Der alte Mann legte die Hand auf Kates Schulter und flüsterte ihr ins Ohr: „Man sagt, drüben stellt man sie alle unter *Quarantäne.* Wie die Tiere. Sechs Wochen hocken sie in einem dunklen Raum. Und wenn sie dabei nicht verrückt geworden sind, ist's gut. Dann lässt man sie ins Land. Aber wenn ihr mich fragt – viele kommen gar nicht erst an. Es heißt, Hunderte würden unterwegs sterben und über Bord geworfen."
Kate schnellte entsetzt herum, doch Großvater lachte nur. „Glaub kein Wort davon. Man erzählt sich alle möglichen Geschichten."
Kate schüttelte zornig die knochige Hand des alten Mannes von ihrer Schulter. „Sie werden ein gutes Leben haben dort drüben. Und sie werden die Welt besser machen."

Die europäische Auswanderung in die USA (1860 – 1880)

Quarantäne
Absonderung von Ansteckungsverdächtigen

- *„Ein Schiff voller Narren", sagte der alte Mann über die Auswanderer. Was ist deine Meinung?*
- *Was glaubst du, was Eamonn in der Neuen Welt erwartet?*

- *Ergänzt mithilfe des Lexikons die Daten der abgebildeten prominenten Flüchtlinge zu kurzen Lebensläufen.*

Verfolgt – verjagt – geflohen: Wissenschaftler – Schriftsteller – Künstler

Albert Einstein
1879 Ulm – 1955 Princeton, USA

Oskar Kokoschka
1886 Pöchlarn, Österreich – 1980 Villeneuf, Schweiz

Sigmund Freud
1856 Freiberg, Mähren – 1939 London

Lise Meitner
1878 Wien – 1968 Cambridge, England

Stefan Zweig
1881 Wien – 1942 Petropolis, Brasilien

Bert Brecht
1898 Augsburg – 1956 Berlin (Ost)

Mich hat man vergessen

Eva Erben, geboren 1930 in Prag, beschreibt in ihrem Buch ihren erschütternden Leidensweg als Kind jüdischer Eltern 1941 nach Theresienstadt und 1944 nach Auschwitz. Nach dem Tod ihrer Mutter entkommt sie auf dem Todesmarsch den SS-Wächtern und flüchtet allein. – Wohin?

Der nächste Tag war für mich der anstrengendste des ganzen Marsches. Mutter war tot zurück geblieben und mich hatte alle Kraft verlassen. Die folgende Nacht verbrachten wir in einem Heuschober. Ich grub mich in eine Heumulde ein und fiel in einen Tiefschlaf.

Am nächsten Morgen nach dem Wecken marschierte die Kolonne weiter.

Niemand hatte bemerkt, dass ich noch unter dem Heu lag. In meiner Erschöpfung schlief ich den ganzen Tag hindurch, bis es wieder Nacht war. Ich erwachte durch eine Stimme, die auf Polnisch sagte: „Du bist fast tot, aber du atmest noch."

Ich schlug die Augen auf. Ein in Lumpen gekleideter Junge hockte mit einem Becher Milch neben mir. Ich verstand gerade so viel, um zu begreifen, dass er sich an diesem Ort versteckt hielt. Schon einen ganzen Monat lang wartete er darauf, dass die Russen kämen, um ihn zu befreien.

Der Junge bot mir etwas von seiner Milch an. Ich kostete – nach so langer Zeit, in der meine Lippen keine Milch berührt hatten. Ich trank gierig von der Milch, als der Junge plötzlich wieder verschwand. Nach einigen Minuten kehrte er mit einer Zuckerrübe in der Hand zurück. Er teilte die Rübe in kleine Stücke und fütterte mich. Ich spürte, wie sich mein Körper langsam erholte.

Nachdem ich nun wieder etwas bei Kräften war, ging der Junge hinaus. Ich wartete noch eine ganze Weile, aber er kehrte nicht mehr zurück.

Hier konnte ich nicht bleiben. Auch ich musste mich auf den Weg machen. Es war eine helle Mondnacht. Der Himmel war mit Sternen übersät. Ich begann zu gehen. Am Morgen bei Sonnenaufgang befand ich mich auf einer Lichtung voller Blumen. ‚Der Frühling ist da!', dachte ich und pflückte einen Blumenstrauß.

Dann schritt ich weiter, aufs Geratewohl, bis ich an Eisenbahngeleise kam. Ich ging die Schienen entlang, weil ich mir sagte, dass sie irgendwann zu einem Dorf oder einer Stadt führen mussten. Die Sonne schien warm und ich wurde bald müde. Ich legte mich neben den Schienen nieder und schlief ein. Plötzlich wachte ich auf: Zu meinem großen

Eva (rechts) mit ihrer Mutter und der Cousine Inge

desertieren
Sich unerlaubt von seiner Truppe entfernen
Tornister
Rucksack
krepieren
Verenden, sterben

Eva Erben (vorne) und ihre Cousine Edith

Schrecken sah ich einen deutschen Soldaten, der sich über mich beugte und den mein Aussehen sehr zu verwundern schien. Ich trug Häftlingskleidung, war abgemagert und kahlköpfig, und neben mir lag ein Strauß Feldblumen.
Ich erklärte ihm, woher ich kam, und er berichtete mir, dass er von der Armee *desertiert* war. Ich merkte, dass er mir nichts Böses antun würde, und vergaß meine Angst. Er setzte sich neben mich und nahm aus seinem *Tornister* Brot und eine Feldflasche mit Kaffee. Wir aßen zusammen. Von ihm erfuhr ich, dass die Deutschen die letzten Schlachten verloren hatten und dass der Krieg bald zu Ende sein würde. Er war vom Heer geflüchtet und suchte eine Gelegenheit, seine Uniform loszuwerden, die er tief vergraben wollte. Alles, was an Krieg erinnerte, wollte er abwerfen.
Schon lange hatte ich fast ohne Zeitbewusstsein gelebt, nur immer von einem Tag zum andern. Nun erfuhr ich von dem deutschen Soldaten, dass wir April hatten, April 1945. Das Jahr, in dem der Krieg zu Ende gehen würde und ich hoffentlich nach Prag zurückkehren könnte. Wir wünschten uns gegenseitig alles Gute. Dann ging jeder seines Weges.
Ich lief weiter in Richtung tschechoslowakische Grenze. Gegen Abend kamen zwei tschechische Jungen an mir vorüber, die mich verwundert anstarrten. Ich muss wie ein wandelndes Skelett ausgesehen haben. Meine Hand- und Fußgelenke glichen Streichhölzern. Sie wollten wissen, woher ich käme. Als ich ihnen einiges von meinen Erlebnissen erzählte, schüttelten sie ungläubig den Kopf. Sie dachten wohl, ich hätte alles nur erfunden.
Nachts schlief ich unter freiem Himmel, am Tag marschierte ich weiter, bis ich zu einem Wald gelangte, in dem eine verlassene Hütte stand. Ich ging langsam auf die Hütte zu, als plötzlich jemand schrie: „Halt – stehen bleiben!“
Vor mir stand ein deutscher Soldat, das Gewehr im Anschlag. Er fragte, was ich hier zu suchen hätte. Vor Schreck war ich wie gelähmt. Ich erklärte ihm, ich sei hinter meiner Kolonne zurück geblieben und wolle mich dieser wieder anschließen. Er lachte nur spöttisch, lud durch und legte an.
In diesem Augenblick kam ein zweiter Soldat aus der Hütte heraus, legte dem ersten die Hand auf die Schulter und sagte: „Schade um die Kugel, lass sie doch laufen, die *krepiert* von allein . . .“
Voll Angst, dass sie es sich doch noch anders überlegen könnten, rannte ich fort.
Ich erreichte einen Fluss, an dessen gegenüberliegendem Ufer ein Dorf lag. Dort hoffte ich Unterschlupf zu finden. Aber wie überquert man einen Fluss, der sehr tief zu sein scheint? Ich suchte mir einen langen Ast, mit dem ich die Wassertiefe prüfte. Nach einigen Versuchen fand ich eine seichte Stelle.

Das erste Haus, an dessen Tür ich klopfte, war das größte Gebäude im Dorf. Als niemand antwortete, öffnete ich vorsichtig die Tür. In dem kleinen Flur stand eine ganze Reihe blank geputzer Stiefel, wie die deutschen Soldaten sie trugen. Ich schloss nicht einmal mehr die Tür hinter mir, sondern rannte so schnell ich konnte auf die offenen Felder zu. Dort wurde ich ohnmächtig und fiel zu Boden.

Als ich die Augen öffnete, glaubte ich zu träumen: Ich lag in einem Bett, mit einem Nachthemd bekleidet. Ein Mann und eine Frau, beide fremd, standen neben meinem Bett. Der Mann – die Hand auf meiner Stirn – flüsterte der Frau zu: „Sie wacht auf!“ Die Frau steckte mir einen Löffel mit etwas Süßem in den Mund und fütterte mich. Eine weitere Person, die im Zimmer stand, sagte auf Tschechisch: „Gebt ihr nicht viel zu essen, nur etwas verdünnte Milch oder Brei!“ Das war wohl ein Arzt. Er fühlte meinen Puls und meinte: „Sonst scheint sie gesund zu sein. Sie ist aber sehr schwach. Lasst sie viel schlafen!“ Ich konnte nur stumm danken. Zum Reden hatte ich keine Kraft.

Am nächsten Morgen sah ich, wie das Paar, das mich aufgenommen hatte, in der Küche einen Tisch beiseite schob und einige Dielen aus dem Fußboden entfernte. Darunter öffnete sich ein Versteck, in dem ein bezogenes Bett stand. Der Mann trug mich auf seinen Armen hinunter und legte mich auf das Bett. Mit ruhiger Stimme erklärte er mir, dass er und seine Frau aufs Feld zur Arbeit gehen müssten. Damit mich während ihrer Abwesenheit niemand entdeckte, müssten sie mich verstecken. Deutsches Militär lag noch immer in der Umgebung des Dorfes, und die Dorfbewohner hatten große Angst, Flüchtlinge aufzunehmen, weil dies von den Besatzern schwer bestraft wurde.

Als ich allein war, tauchte in mir ein neues Problem auf: Als was sollte ich mich meinen Gastgebern vorstellen? Dass ich Jüdin bin, wollte ich ihnen nicht sagen, da ich Angst hatte, dass sie mich fortjagen würden.

Zu Mittag kehrte der Mann zurück und gab mir eine leckere Suppe. Nach dem Essen fragte er mich ruhig nach meinem Namen. „Eva“, antwortete ich und schloss die Augen. Mich schlafend stellend, suchte ich angestrengt nach einem Nachnamen, der nicht jüdisch klang. Wie war doch noch der Name unserer tschechischen Haushilfe in Prag? Er wollte mir nicht einfallen. Plötzlich sah ich die Straße vor mir, durch die ich täglich zur Schule gegangen war. Dort stand ein großes und schönes Haus, an dem ein Namensschild angebracht war: Dr. I. Karel. Ich wusste, dass dieser Dr. Karel ein nichtjüdischer Arzt war. Im selben Augenblick beschloss ich, seinen Namen anzunehmen, und fühlte mich sehr erleichtert – ich hatte wieder einen Namen.

Die Kinder und Enkelkinder von Eva und Peter Erben im Garten von Ashqelon

- *Was wäre aus Eva Erben geworden, wenn das mutige Ehepaar sie nicht verpflegt und unter Lebensgefahr versteckt gehalten hätte?*
- *Würdest du diesen Mut aufbringen?*

Flucht aus dem Osten

Ein Flüchtlingsstrom von Deutschen aus den Ostgebieten setzte schon im letzten Kriegsjahr des Zweiten Weltkriegs ein. Die Flüchtenden mussten ihr Eigentum zurücklassen und waren völlig mittellos. Sie waren oft wochenlang auf der Flucht. Viele kamen dabei ums Leben. Es gehört zu den großartigen Leistungen der Nachkriegszeit, dass diese Millionen Flüchtlinge nicht zu Chaos und zusätzlicher Not beitrugen. Sie gliederten sich rasch in die neue Heimat ein und leisteten zur Aufbauarbeit einen wertvollen Beitrag. Stellvertretend für Elend und Not der vielen Flüchtlinge steht die nachfolgende Erzählung.

Der Junge wußte: Er durfte nicht einschlafen. Er zog die Decke fester um die mageren Schultern; die frierenden Finger über der Brust gekreuzt, bemühte er sich, die Lider offen zu halten, die sich immer wieder, sekundenlang, schließen wollten. Nur ein paar Minuten schlafen, dachte der Junge, im Stehen schlafen, da wacht man doch gleich wieder auf. Nur ein paar Minuten . . .

Er lehnte an der Wagenwand, den Kopf an die Plane gepresst. Das Atmen der Mutter innen im Wagen war unregelmäßig, das stoßweise Atmen einer schwer Fiebernden. Der Junge riss die Augen weit auf und starrte in die Nacht. Ein schneewolkenschwerer Himmel. Kein Stern. Am östlichen Horizont schwefelfarbenes Licht. Endloses Grollen der Geschütze.

Es war bitter kalt, und langsam spannte sich Eis über den Schlamm-Schneebrei der Wegfurchen. Der Junge bohrte die Schuhspitze in den Matsch, und wahrhaftig – es hatte sich schon eine Kruste gebildet.

Er zog den Kopf ein. Das Schlafbedürfnis war nun so übermächtig, dass er nicht mehr stillstehen durfte. Er stapfte neben dem Wagen auf und ab, auch ein paar Schritte zurück, wo im Straßengraben die braune Stute lag.

Flüchtlingszug von Deutschen, Herbst/Winter 1944

Er wusste, die braune Stute war tot. Er hatte sie selbst ausgeschirrt, selbst vom Weg gezerrt, hinein in den Graben. Ungeschickt kniete er nieder, tastete mit klammen Fingern über den Pferdekopf, zuckte zusammen, als die Finger klebrig wurden, und konnte den Blick nicht von dem gelb bleckenden Gebiss und dem von Granatsplittern aufgerissenen Bauch abwenden, obwohl ihm dabei übel wurde. Schließlich sprang er ruckartig auf und stolperte auf Beinen, die ihm kaum mehr gehorchen wollten, zurück zum Wagen.

Die apfelfarbene Stute an der Deichsel war stehend eingeschlafen. Eine halbe Stunde, dachte der Junge, eine halbe Stunde darf sie rasten. Die Mutter hat gesagt, die Apfelfarbene muss rasten, sie kann nicht mehr weiter, sie bricht uns zusammen. Und was sollen wir dann tun, jetzt, da wir nur noch ein Pferd haben? Ich müsste die Stute abreiben, dachte er weiter, in dieser Kälte wird sie sich den Tod holen. Er nahm die Decke und warf sie über das Pferd. Nun fror ihn selbst so sehr, dass seine Zähne klappernd aufeinanderschlugen. In den Wagen kriechen, sich neben die Mutter legen . . . im Wagen ist es warm . . .

Er erinnerte sich, dass er am Wegrand ein paar verkrüppelte Kiefern hatte stehen sehen, fast aller ihrer Zweige beraubt von denen, die schon vor ihnen vorübergezogen waren. Er stieg in den Graben und wollte die letzten Zweige abreißen, aber seine blaugefrorenen Hände waren taub und kraftlos. So kauerte er sich nieder, biss mit den Zähnen die Rinde durch und spuckte sie angeekelt wieder aus.

Von weiter vorne hörte er das raue Flüstern der Männer, die sich bemühten, ihren zerschossenen Wagen wieder fahrbereit zu machen. Er wunderte sich, warum sie sich plagten, ihre zwei Pferde, elende, dürre Klepper, hatten die Granaten zerrissen. Sie können sich doch nicht selbst vor den Wagen spannen, dachte er. Und woher sollen sie Pferde nehmen? Einer der Männer stand untätig hinter dem Wagen.

Endlich hatte der Junge ein paar Zweige neben sich liegen. Am Morgen würde er die Stute damit füttern. Er warf einen Blick hin zum vorderen Wagen – der Mann stand noch immer dort.

Die Stute schlief mit hängendem Kopf, die Beine ganz leicht gespreizt. Der Junge war froh, dass er seine Decke über sie gebreitet hatte. Er kletterte auf den Wagen. Unter der Plane war es finster, er schlüpfte hinein und legte das Zweigbüschel auf die Bündel in der Ecke. Die Mutter hatte ihn nicht gehört, sicher war sie eingeschlafen. Unter der Plane schien es ihm wohlig warm zu sein. Nur einen Augenblick, sagte er sich, nur einen Augenblick will ich im Wagen bleiben, bis mir nicht mehr so kalt ist. Er verkroch sich im Wagenwinkel, zog die Beine hoch und legte den Kopf darauf.

Er wachte auf, weil er die Mutter leise flüstern hörte: Karl . . . Karl . . . Hast du geschlafen, Karl?
Es war nicht mehr dunkel. Durch die Plane sickerte bleifarbenes Licht.
Der Junge fuhr auf, schlug die Plane zurück und sprang vom Wagen. Er taumelte, weil er noch schlaftrunken war, die Lider klebten ihm zusammen, und er rieb sich die Augen. Der Junge stolperte nach vorn. Der Schnee- und Schlammbrei war beinhart gefroren. Er spitzte die Lippen und pfiff leise, gewohnheitsmäßig, wie er es stets daheim getan hatte, wenn er die Pferde lockte.
Die Apfelfarbene ist fort!
Die Stränge sind sorgfältig gelöst worden, die Deichselstange ragt leer in die Luft. Der Junge starrt dorthin, wo in der Nacht der zweite Wagen gestanden war. Er schreit und läuft und schwenkt die Arme, bleibt in ohnmächtiger Wut stehen – nichts als aschfarbene Einsamkeit vor ihm, in die sich der Weg verliert.
Als er zum Wagen zurückkam, war die Mutter schon heruntergeklettert. Sie hustete.
Das habe ich gefürchtet, sagte sie.
Ich habe geschlafen, sagte der Junge.
Mach dir nichts draus! Was hättest du denn tun sollen? Sie hätten's uns weggenommen, das arme Tier, hättest hundertmal wach bleiben können. Wär doch umsonst gewesen. Bring mir das Tuch und die Decke.
Wozu?
Wir gehen, antwortete die Mutter. Wird uns schon irgend jemand mitnehmen.
Der Junge stützte die Mutter. Sie war eine kleine, magere Frau, fast eine Handbreit kleiner als er. Er legte ihren Arm um seine Schultern, und sie wickelten sich fest in die Decke.
Der Morgen dämmerte rasch. Es war nicht mehr so kalt wie in der Nacht, an manchen Stellen war die Erde wieder aufgetaut, und der Lehmmatsch hängte sich schmatzend an die Schuhe. Verlassene Wagengerippe säumten den Weg.
Dann fing es zu schneien an. Immer wieder mussten sie stehenbleiben, weil die Mutter nicht mehr weiter konnte. Der Husten schüttelte ihren Körper. Sie verbarg das Gesicht hinter dem Kopftuch, sagte, noch immer hustend: Ist schon wieder besser. Geh nur weiter, Karl.
Endlich hörte der Junge hinter sich das Poltern eines Wagens. Eine Frau in einem derben langen Rock und unförmigen Filzstiefeln führte die keuchenden Pferde am Zügel, die kaum mehr den Wagen ziehen konnten.
Siehst du, Karl, sagte die Mutter, die lassen uns bestimmt mitfahren.
Sie blieben stehen, aber die Frau im derben Rock hielt die Pferde nicht an. Sie sagte nur im Vorübergehen: Wir würden euch ja gerne helfen, aber es geht nicht. Ihr seht es ja selbst!
Es kommen noch andere hinten nach, schrie sie zurück.
Und es kammen andere, ja! Wagen rollten vorüber, Wagen, beladen mit

Menschen, Pferde am Zusammenbrechen. Wer hätte da noch jemand aufnehmen können, und sei's auch nur einen Jungen und eine kleine magere Frau?
Schließlich konnte die Mutter nicht mehr weiter, sie blieb am Wegrand hocken. Der Husten kam krampfartig und ließ den Atem hernach pfeifend gehen. Der Junge kauerte sich neben die Mutter, suchte die Wärme ihres Körpers und war froh, wenigstens einen Augenblick rasten zu können. Er schlüpfte mit dem Kopf unter die Decke, presste sich fest an die Mutter, und es war nicht mehr kalt, angenehm warm war ihm. Er hörte das Holpern eines Wagens, aber er war zu erschöpft, um aufzusehen. Die Mutter schien den Wagen nicht gehört zu haben.
Nach ein paar Minuten fühlte er sich wieder besser. Er streckte den Kopf unter der Decke hervor und spähte in das Blaugrau des fallenden Schnees. Nicht weit von ihnen reckten sich die ausgebrannten Stämme eines kleinen Wäldchens empor: kohlschwarze Äste, behängt mit Nebelschleierresten, umflockt vom Schnee. Magere verlassene Kühe, die muhend durch das tote Baumgestrunk stapften.
Der Junge sah nun auch, dass er und seine Mutter nicht allein waren. In

- *Das Bild beeindruckt. Schreib deine Eindrücke auf.*

Millionen deutschstämmiger Bewohner Ost- und Mitteleuropas flohen im Kriegswinter 1944/45 vor der Roten Armee nach dem Westen. Glücklich, wer ein Transportmittel besaß …

dem verbrannten Wäldchen hatten Frauen und Kinder Zuflucht gesucht. Dick vermummt, wie koboldartige Geschöpfe, hockten sie zwischen den Bäumen.
Als wieder ein Wagen vorüberfuhr, knieten die vermummten Wesen nieder, knieten noch mit ausgestreckten, bittenden Händen, als der Wagen längst nicht mehr zu sehen war.
Der Junge riss die Mutter hoch, sie fiel nieder, er packte sie, stützte sie, schlang die Arme um sie.
Du musst, Mutter, du musst!
Er schleppte sie weiter, sah nicht nach rechts und nicht nach links und schaute erst wieder auf, als das verbrannte Wäldchen hinter ihnen lag.
Die Mutter hatte kein Wort gesprochen. Ihr Husten war schwächer geworden, immer schwerer hing sie an dem Jungen, der keuchend vorwärts stapfte. Und noch immer schneite es. Endlos weit sah er eine Wegmarke, einen Pfosten im Schnee, der nicht näher kommen wollte.
Der Schnee dämpfte das Ächzen der Räder, sodass der Junge den nächsten Wagen erst im letzten Augenblick hinter sich hörte. Er hatte fast keine Kraft mehr, die Mutter an den Wegrand zu zerren. Blinzelnd durch den Schnee sah er, dass verwundete Soldaten auf dem Wagen lagen. Sie lagen still und steif. Schnee deckte sie zu.
Die sind tot, dachte er. Warum dürfen sie auf dem Wagen liegen, wenn sie doch tot sind?
Der Wagen war nun vielleicht zehn Meter vor ihnen, verschwand in den weißen Schwaden. Den Jungen packte die Angst. Diesen Wagen durfte er nicht vorüberlassen. Was haben Tote für ein Recht, auf dem Wagen zu liegen?
Er zerrte die Mutter vorwärts, lief stolpernd, keuchend, schreiend, schleifte die Mutter, schleifte und zerrte sie weiter. Er sah den Wagen nicht mehr, sah nur fallenden Schnee. Er musste schneller laufen. Und er lief schneller. Er schrie und rief, und da war er wieder, der Wagen, Gott sei Dank, sie hatten den Wagen eingeholt. Er würde aufspringen, einen der Toten hinunterwerfen, seine Mutter nachziehen. Noch ein paar Meter, und sie hätten es geschafft, er und die Mutter.
Da wurde es ihm bewusst, dass er allein war.
Er blieb stehen.
Er stapfte zurück.
Der Schnee hatte längst seine Fußspuren gelöscht.
Nur wenige Schritte neben seiner Mutter lag die Decke. Er spürte die Beine nicht mehr, die Arme nicht mehr – die Kälte ließ seinen Körper starr werden. Er bückte sich, hob die Decke auf, schüttelte sie frei vom Schnee, wickelte sich fest ein und ging weiter ….

- *Sprecht über das Problem, dass die Vertreibung der Deutschen aus dem Osten immer noch aktuell ist, wenn es um die Neuregelung der Verhältnisse zu den östlichen Nachbarn geht.*

Ein Schiff für Vietnam

Nach dramatischen Spenden- und Rettungsaktionen ist es dem Komitee „Ein Schiff für Vietnam", dem auch Rupert Neudeck angehört, gelungen, u. a. mit der „Cap Anamur", einem umgebauten Frachter, Tausende „boatpeople" in letzter Minute zu retten.
Hunderttausende Vietnamesen hat seit 1975 die Angst vor Krieg, Bomben, Dschungelkampf und Konzentrationslagern zur Flucht getrieben. In winzigen Booten versuchen sie, sich und ihre Familien über das Meer zu retten, obwohl sie wissen, dass nur jeder Zehnte überlebt.

Als Rupert Neudeck im Zug saß und nach Hause fuhr, hatte er vom Land Niedersachsen eine Garantie in der Tasche für 350 Menschen. Noch einmal durfte die Cap Anamur hinausfahren und Leben retten, ein letztes Mal.
Aber die Garantie galt nur für Niedersachsen, nicht für die Bundesregierung in Bonn. Das sollte Folgen haben.
„Wir haben 350 Plätze bekommen. Niedersachsen garantiert für euch alle." Der Jubel auf der Cap Anamur war unbeschreiblich. Die Flüchtlinge dort unten in Luke 2 klatschten und trampelten auf den Pritschen herum, umarmten sich und sangen.
„Wir laufen aus zum Flüchtlingslager Puerto Princesa, dann fliegt ihr nach Deutschland." Es dauerte lange, bis die 284 Flüchtlinge sich wieder beruhigten; manche waren schon länger als zwei Monate an Bord.
Aber die Bundesregierung gab keine Garantie.
Rupert Neudeck flog wieder nach Bonn. Und während er in Bonn verhandelte, bugsierte ein Lotse die Cap Anamur vorsichtig durch das Schiffsgewimmel auf der *Reede* von Singapur. Das Komitee wollte Tatsachen schaffen, wollte die Cap Anamur einfach ohne Garantie zum Flüchtlingslager schicken. Die Garantie aus Bonn würde schon kommen . . . wie immer bisher . . .
Aber von Bonn kam das Aus. „Die Bundesregierung kann unter den gegebenen Umständen keine Garantie für die Flüchtlinge in Südostasien mehr geben."
Dann machte die Bundesregierung doch noch ihr letztes Angebot: „Nur wenn Sie die Cap Anamur zurück nach Hamburg holen, dann nehmen wir die 284 Vietnamesen auf. Wenn nicht . . ." Nach zwei Stunden Verhandlungen stand es fest, Zielhafen war nicht mehr das Flüchtlingslager Puerto Princesa.
Rupert Neudeck stürzte in die vietnamesische Botschaft in Bonn, telefonierte direkt mit der Cap Anamur.

Reede
Geschützter Ankerplatz

Wo finden sie eine neue Heimat?

Er telefonierte auf Deutsch, damit der Lotse auf der Brücke ihn nicht verstand. „Bitte geben Sie Kapitän Buck die Order, sofort umzudrehen und Hamburg anzusteuern." Was hätte er machen sollen? Die 284 über Bord werfen?

Die letze Fahrt der Cap Anamur hatte begonnen.

An Bord hieß das erst einmal „Klarschiff". Die beiden Rettungsboote wurden in Luke 1 gehievt und festgelascht. Luke 2 bekam einen starken Schutz gegen Spritzwasser. Jetzt, in der ruhigen Straße von Malakka, war noch Zeit zum Nähen.

Vor dem Schiffshospital hing eine Karte, jeden Tag wurde die Strecke eingezeichnet, jeden Tag wurde der schwarze Strich ein Stück länger. Vier Wochen noch bis Hamburg.

Niemand an Bord brauchte mehr zu sparen. „Volle Kraft voraus", 14 Knoten, die Maschine bekam Diesel. Und auch für die Flüchtlinge wurden die Rationen erhöht, vor allem Wasser; die Vietnamesen wuschen sich begeistert und putzten alle erreichbaren Gegenstände. Zum Reis gab es mehr Gemüse und sogar Fleisch.

Hinter der Nordspitze Sumatras wurden die Wellen länger und höher; der Indische Ozean war ja bekannt für seine Taifune und Monsunstürme. Schon am zweiten Tag wurde der Unterricht an Deck gestrichen. Ein Vietnamese nach dem anderen verschwand mit verdrehten Augen. Abends stand die Ambulanz gerammelt voll wankender Gestalten, gelbe Gesichter, seekrank allesamt.

Und dann die Hitze. Selbst die Vietnamesen klappten zusammen, suchten sich an Deck einen kühlen Platz. Nachts war oben mehr los als in Luke 1. Überall flatterten Hemden und Hosen und bunte Decken. „Mensch, davon ein Foto!"

Eines Tages humpelten vierzehn Mann kraftlos auf den Gängen herum, hatten Muskellähmungen. Des Rätsels Lösung hieß Beriberi, Mangelkrankheit, zu wenig Vitamin B. Die Vietnamesen lebten ja schon seit Monaten nur von geschältem Reis und Dosengemüse. Es gab noch Vitamin B an Bord, täglich bekam jeder zwei Spritzen.

Sri Lanka vorbei; aufgewühlte See, kurze Wellen, Gischt fegte waagrecht durch die Luft. Kapitän Buck ließ die Maschine drosseln auf acht Knoten Fahrt. Die Cap Anamur drosch mit dem Bug hinein in jede Welle, fünf Meter tief das Wellental, bäumte sich hoch auf und nahm die nächste Welle an, dass der Schiffsrumpf dröhnte. Jede Menge grünes Wasser spülte über Deck.

Erst im Golf von Aden wurde die See ruhiger. Im Roten Meer sahen sie blutrote Sonnenuntergänge. Danach wurde es schlagartig dunkel, allgemeines „Zu-Pritsche-Gehen". Ruhe im Schiff, nur der Diesel dröhnte. Um zehn Uhr nachts gingen die Ärzte noch einmal durchs Schiff, so wie jeden Abend. Das war für sie das Schönste am ganzen Tag.

Unterricht an Deck

Dann kam der Suezkanal, mit Spannung erwartet.
Zwei Tage später schob sich die Cap Anamur ohne Schwierigkeiten mit Zoll und Behörden durch den 200 Meter breiten Kanal. Es war Ramadan, Fastenmonat. Die arabischen Beamten durften tagsüber nichts essen, aber sie kochten den ganzen Tag und schenkten alles den Kindern an Bord.
Im Mittelmeer wurde es kalt, 19 Grad Celsius höchstens; die Vietnamesen zogen bibbernd an, was sie nur hatten, hängten sich dazu sämtliche Wolldecken um, die an Bord aufzutreiben waren. Noch 14 Tage bis Hamburg.
Sprachunterricht gab es für die Vietnamesen jeden Tag und einen Schnellkurs in Sachen Deutschland. Ruhig zog die Cap Anamur ihre Bahn quer durchs Mittelmeer, ließ Gibraltar liegen und die Biskaya, den Ärmelkanal. Es wurde kälter, 15 Grad nur noch; Hilfsdienst in der Küche neben den heißen Töpfen, das war ein begehrter Posten bei den Flüchtlingen. In Dover stieg eine Meute von Journalisten an Bord, die wollten in Hamburg mit dabei sein.
Aus den 284 Flüchtlingen waren inzwischen 286 geworden. Ein kleiner Junge tauchte eines Tages auf, fünf Jahre alt, ohne Angehörige. „Den haben wir vorher noch nie gesehen", sagten die Schwestern. Und es gab eine Frühgeburt, 2 000 Gramm. In Hamburg würden die Behörden ihre Listen ändern müssen.

Dann lief die Cap Anamur die Elbe hinauf.
Jeder Schlepper und Frachter, jedes Boot, dem sie begegneten, grüßte mit seinem Nebelhorn. Das steigerte sich, als die Cap Anamur in den Hamburger Hafen kam, zu einem ganzen Konzert. Eine *Barkasse* umkreiste die Cap Anamur, darin saß eine ganze Klasse Schulkinder, die riefen im Chor: „Willkommen! Willkommen!" Und die Flüchtlinge wurden ruhiger, die Spannung, die Angst vor dem fremden Land verflog, sie strahlten.
Dann machte die Cap Anamur an den Landungsbrücken in Hamburg fest.
Nur das Land Niedersachsen hatte einen Vertreter geschickt. Aber dafür waren die Landungsbrücken schwarz von Menschen. Viele von den vier Millionen Spendern waren gekommen, um das bekannteste deutsche Schiff, um „ihr" Schiff zu sehen. Es fehlte nicht viel, dann hätten sie die Cap Anamur gestürmt. Und über allem läuteten an diesem strahlenden Sonntag die Freudenglocken.
Die letzte Fahrt der Cap Anamur war beendet. Montag früh wurde das Schiff zu einem Lagerschuppen bugsiert. Die Hafenleute bauten das Hospital aus und schlugen die Pritschen ab. Jetzt war die Cap Anamur wieder ein ganz normaler Frachter. Wie viele Leben sie wohl noch hätte retten können?

5000 Menschen begrüßen die CAP ANAMUR II an den Landungsbrücken in Hamburg / September 1987

Barkasse
Kleines Motorboot

- *Überlegt, wie groß die Verzweiflung der Menschen gewesen sein musste, dass sie trotz geringer Aussichten die Flucht wagten. Führt Gründe an.*
- *Leider gibt es auch heute noch „boatpeople". Woher kommen sie? Wohin wollen sie?*
- *Welche Organisationen kennst du, die sich für Flüchtlinge einsetzen?*
- *Diskutiert, was jeder Einzelne, eine Gruppe oder Staat tun könnten.*

Sie hat uns für morgen eingeladen . . .

Stary Vesnice ist ein Dorf in Tschechien. Früher hieß der Ort Altdörfel und wurde vorwiegend von Deutschen bewohnt. Nach dem Zweiten Weltkrieg mussten die Deutschen, die in der damaligen Tschechoslowakei lebten, ihre Dörfer verlassen.
Auch die Großeltern der kleinen Gabi. Sie fanden in Nürnberg eine neue Heimat. Nach vielen Jahren wollten sie ihr ehemaliges Haus besuchen . . .

Vertreibung der Sudetendeutschen

Gabis Großeltern wollten in diesem Sommer in ein Dorf fahren, das jetzt Stary Vesnice heißt. Es liegt in der Tschechoslowakei. Früher hatten sie dort gewohnt, vor mehr als vierzig Jahren. Sie waren dort geboren und zur Schule gegangen, als Nachbarskinder. Damals hatte der Ort noch Altdörfel geheißen.
Dann war der Krieg gekommen. Großvater und Großmutter hatten noch schnell geheiratet, bevor der Großvater Soldat geworden war. Nein, nicht freiwillig! Alle jungen Männer mussten damals Soldat werden und gegen die Soldaten anderer Länder kämpfen. Die Russen schossen ihm eine Hand ab. Da durfte er wieder heim nach Altdörfel.
Die Großeltern wohnten damals in einem braunen Holzhaus. Es stand in einem großen Obstgarten. Haus und Garten gehörten ihnen. Der Großvater hatte beides von seinen Eltern geerbt, und er und die Großmutter wollten es an ihrem Lebensende ihren Kindern vererben.
Aber es kam alles ganz anders. Die Deutschen, die den Krieg angefan-

gen hatten, verloren ihn. Der Krieg war schrecklich gewesen. Er hatte vielen Völkern Unrecht, Hunger und entsetzliches Leid gebracht. Auch den Tschechen. Und nun rächten die sich. So kam es, dass alle Deutschen, die in der Tschechoslowakei lebten, ihre Städte und Dörfer für immer verlassen mussten. Auch die Leute, die in Altdörfel zu Hause gewesen waren. Großmutter und Großvater durften nur mitnehmen, was sie tragen konnten. Ihr liebes braunes Haus im Obstgarten blieb in Altdörfel!

„Ihr seid Deutsche", sagten die Tschechen. „Also ab mit euch nach Deutschland!" Und so wurden Gabis Großeltern zusammen mit vielen anderen Deutschen, die bisher in der Tschechoslowakei gelebt hatten, nach Deutschland geschafft.

Aber da war es schwierig unterzukommen, denn viele Häuser waren im Krieg zerstört worden. Deshalb mussten alle Deutschen enger zusammenrücken. Gabis Großeltern gerieten nach Bayern. Dort wurde ihnen ein winziges Zimmer in einem Bauernhof zugewiesen. Sie mussten das Klo der Bauersleute benutzen und auf dem Herd der Bauersleute mitkochen. Gabis Großeltern hatten oft Heimweh.

Nachts träumten sie oft von Altdörfel.

Aber Altdörfel hieß jetzt nicht mehr Altdörfel, sondern Stary Vesnice, und in die Häuser der Deutschen waren Tschechen eingezogen – Leute, die vorher keine eigenen oder nur sehr enge Wohnungen besessen hatten. In dem braunen Haus wohnte ein junges tschechisches Ehepaar aus Prag. Bald nachdem es eingezogen war, bekam es einen Sohn. Als er größer war, spielte er im Obstgarten, und er konnte sich gar nicht vorstellen, woanders zu leben als in Stary Vesnice, hier in dem braunen Haus.

Gabis Großeltern, die ja jetzt in Bayern lebten, bekamen auch einen Sohn. Zum Glück fand der Großvater einen Arbeitsplatz in Nürnberg. So zogen sie um nach Nürnberg. Helmut, der Sohn, der später Gabis Vater wurde, kannte das braune Haus in Stary Vesnice nur aus den Beschreibungen seiner Eltern.

Nun, im letzten Sommer wollten die Großeltern noch einmal heim, um ihr liebes altes Haus wiederzusehen. O ja, jetzt darf man wieder hinreisen und schauen. Nur bleiben, für immer bleiben darf man nicht. Die Großeltern luden auch ihren Sohn ein mitzukommen. Aber Gabis Vater hatte weder Zeit noch Lust dazu.

„Dann sollen wenigstens unsere Enkel die alte Heimat zu sehen bekommen", sagte der Großvater zur Großmutter.

Endlich war es soweit. Bei Waidhaus überquerten sie die Grenze, dann fuhren sie quer durch Böhmen.

Sie fuhren langsam. Das war dem Großvater gerade recht. So hatten sie Zeit, sich gründlich umzuschauen. Es gab so viel für sie zu sehen! Sie empörten sich über ein leerstehendes Gehöft am Straßenrand und über den Verputz, der von den Häuserwänden abblätterte. Sie schimpften über den elenden Zustand der Landstraßen und fanden die Passanten armselig gekleidet. Als sie in einem Restaurant am Straßenrand ein Mittagessen bestellten, ärgerten sie sich über die kleinen Fleischportionen. Über die schlechte Qualität der Schokolade, die sie in einem kleinen Konsumladen kauften, konnten sie sich lange nicht beruhigen. Sie empörten sich darüber, dass man so lange nach einem Gasthof suchen musste, wenn man übernachten wollte. Und als sie endlich ein Zimmer für die Nacht gefunden hatten, erregten sie sich über die harten Matratzen und die schäbige Zimmereinrichtung. Eine Dusche war auch nicht da, und zum WC mussten sie erst ein ganzes Stück durch den Flur gehen.

„Eine Zumutung!", rief die Großmutter.

„An allem habt ihr nur herumzumeckern", sagte Gabi. „Warum seid ihr dann überhaupt hierhergefahren, wenn's euch hier nicht gefällt? Mir gefällt's. Hier ist alles noch so schön alt, die Häuser und Schuppen und Zäune."

„Heruntergekommen ist das Land!", rief der Großvater erbost. „Das haben sie davon, die Tschechen, dass sie uns hinausgeworfen haben: kein Wohlstand, kein Fortschritt. Wenn wir Deutschen noch hier lebten, sähe es hier anders aus!"

Gabi verstand nicht, was der Großvater meinte.

Am nächsten Vormittag kamen sie in Stary Vesnice an.

Plötzlich schrie die Großmutter auf und zeigte auf ein braunes Haus unter Bäumen, und der Großvater bremste so scharf, dass Gabi mit dem Kopf gegen seine Rückenlehne stieß. Sie stiegen aus. Die Großmutter hielt sich am Großvater fest. Die paar Schritte bis zum Gartentor gingen sie Arm in Arm.

Die Großmutter zeigte hinüber auf das Nachbarhaus. Das war ihr Elternhaus gewesen. Aber es sah ihm nicht mehr sehr ähnlich, denn es war aufgestockt worden, und das Dach hatte nun eine andere Form. Der neue Teil war noch nicht verputzt.

Das braune Haus war noch so, wie es damals gewesen war, als sie es verlassen hatten. Nur die Haustür hatte eine andere Farbe.

„Was meinst du – sollen wir anklopfen und fragen, ob wir uns drin mal umschauen dürfen?"

„Eigentlich hätten wir nicht nötig zu klopfen", sagte der Großvater finster. „Es ist unser Haus und bleibt unser Haus."

Aber als sie durch den Vorgarten gegangen waren und vor der Haustür standen, klopfte er doch. Eine junge Frau öffnete. Gabi fand, dass sie freundlich aussah. Die Großmutter sagte etwas auf Tschechisch zu ihr, was Gabi nicht verstand. Die junge Frau lächelte verlegen und nickte und wischte sich die Hände an der

Schürze ab. Dann machte sie eine einladende Handbewegung, und alle drei schoben sich in den dunklen Flur, der muffig roch. Gabi tappte hinterher. Während der Großvater nun auch tschechisch mit der jungen Frau sprach, flüsterte die Großmutter Gabi zu: „Es riecht noch genau wie damals. So richtig nach daheim.“
Die Frau öffnete die Türen zu allen Räumen. Es waren nicht viele. Sie zeigte ins Schlafzimmer und sprach und sprach, während die Großmutter den Großvater an der Hand hielt.
In der kleinen Kammer neben dem Schlafzimmer stand ein Kinderbett. Darüber hing ein Schutzengelbild: Ein brüchiger Holzsteg führte über eine Schlucht, ein Steg ohne Geländer über einem schaurigen Abgrund. Zwei Kinder schickten sich an, den Steg zu überqueren. Ein großer Schutzengel in wallendem weißem Gewand schwebte hinter den Kindern und hielt die Hände ausgestreckt, bereit, jeden Augenblick zuzugreifen, wenn die Kinder stolpern oder ausrutschen sollten.
Die Großmutter ließ den Großvater los und blieb vor dem Bild stehen.
„Ach Gott“, sagte sie „das hing mal über meinem Bett. Als ich geheiratet habe, brachte ich’s mit herüber in dieses Haus.“
Sie schnäuzte sich, während der Großvater der Frau alles auf Tschechisch erklärte. Sie sah die Großmutter mitleidig an und strich ihr über den Arm, und dann führte sie die Großeltern in die Wohnküche. Die Frau zeigte durch das offene Fenster hinaus. Gabi reckte sich und bekam einen großen alten Kirschbaum zu sehen. An einem seiner Äste hing eine Schaukel. Darauf saß ein Mädchen und baumelte mit den Beinen. Das Mädchen war vielleicht neun Jahre alt – oder schon zehn? Jedenfalls war es ungefähr so groß wie Gabi. Es aß Kirschen und lachte und winkte.
Die Tschechin bot den Großeltern und Gabi Plätze in der Wohnküche an, und schon gab es zwischen den Erwachsenen eine lebhafte Unterhal-

Schutzengelbild

tung. Natürlich sprachen sie tschechisch. Gabi verstand kein Wort. Sie langweilte sich. Schließlich stand sie auf und suchte nach einer Tür, die hinausführte. Die Tschechin zeigte ihr die Hintertür zum Garten.
Da stand Gabi nun unter den großen Bäumen. Das Mädchen auf der Schaukel sagte etwas, das Gabi nicht verstand, klopfte neben sich auf das Schaukelbrett und winkte. Gabi zögerte. Da hielt das Mädchen Gabi Kirschen hin: dunkelrote, fast schwarze, riesengroße Kirschen. Gabi ging hin und nahm sie, und dann lief sie um die Schaukel herum und zog sich von hinten auf das Brett. Nun saßen sie so, dass sie sich ins Gesicht sehen konnten: die eine mit dem Rücken zum Garten, die andere mit dem Rücken zum Haus, dicht nebeneinander, und wenn sie sich an den Seilen festhielten und zurücklehnten, konnten sie einander betrachten.
„Anna“, sagte das Mädchen und zeigte auf sich selber.
Gabi wunderte sich. Hieß dieses Tschechenkind genauso wie die Großmutter?
Anna zeigte auf Gabi.
„Gabriele“, sagte Gabi.
Anna nickte und versuchte, den Namen nachzusprechen.
Als Gabi dann von der Schaukel herunter musste, weil sich an der Haustür die Großeltern von der Tschechin verabschiedeten, war sie traurig.
Annas Mutter drückte Gabi an sich und gab ihr einen Kuss auf die Wange. Und den Großeltern, die ihr die Hände schüttelten, rief sie immer wieder etwas zu. Etwas Tschechisches. Aber da lief die Tschechin plötzlich noch einmal ins Haus und kam mit einem Bild zurück, dem Schutzengelbild aus der Kammer. Sie wischte es mit der Schürze ab und reichte es dann der Großmutter. Die nahm es ganz benommen und wusste nicht, ob sie lachen oder weinen sollte.
„Nein, so was“, sagte sie immer wieder, „nein, so was –“
Aber da fing Anna an zu schluchzen und zeigte auf das Bild. Ihre Mutter versuchte sie zu beruhigen, aber Anna weinte laut. Die Tschechin erklärte den Großeltern irgend etwas. Gabi sah ihr an, dass sie sehr verlegen war.
„Warum weint Anna?“, fragte Gabi.
„Sie will nicht, dass ihre Mutter das Schutzengelbild weggibt“, sagte die Großmutter. „Das sei ihr Bild, es habe immer über ihrem Bett gehangen. Da sei doch ihr Schutzengel drauf.“
„Ihr Schutzengel?“, fragte der Großvater. „Deiner war’s!“
„Red doch keinen solchen Unsinn“, sagte die Großmutter ärgerlich. „Wie kann ein Schutzengel jemandem gehören?“
Sie rief Anna zu sich heran, strich ihr übers Haar, reichte ihr das Bild und sagte etwas zu ihr. Anna nickte und lachte.
Dann lief sie mit dem Bild ins Haus. Sie stiegen in den Wagen und fuhren

langsam davon. Gabi kniete auf dem Rücksitz und schaute aus dem Heckfenster. Nun kam auch Anna aus der Haustür und winkte.
In Stary Vesnice gab es keinen Gasthof, wo sie übernachten konnten. Sie mussten bis zum übernächsten Ort fahren. Alle drei waren sehr schweigsam.
Als Gabi schon im Hotelzimmer im Bett lag und die Großmutter noch das Fußende der Steppdecke unter die Matratze schob, musste sie doch noch etwas fragen, was ihr schon den ganzen Nachmittag im Kopf herumgegangen war: „Aber wenn ihr wieder heimdürftet nach Altdörfel in euer braunes Haus, dann müsste doch die Anna raus?"
„Wer ist Anna?", fragte die Großmutter.
„Der du dein Schutzengelbild geschenkt hast", sagte Gabi.
„Ja", sagte die Großmutter, „dann müsste sie raus aus dem Haus, samt ihren Eltern."
„Aber das könnt ihr doch nicht machen", rief Gabi. „Die Anna ist doch dort zu Hause!"
„Ja", seufzte die Großmutter. „Wir hätten nicht hierher fahren sollen. Solange man die Leute nicht kennt, sieht sich das alles so einfach an: hier das Recht und da das Unrecht. Aber jetzt –? Es sind so nette Leute. Und ich weiß, wie man an so einem Schutzengelbild hängen kann. Ich hätte genauso geheult, wenn damals jemand gekommen wäre, um mir's wegzunehmen."
„So einen Kitsch könntest du bei uns daheim in Nürnberg gar nicht aufhängen", sagte Großvater vor dem Waschbecken.
„Aber Opa", rief Gabi, „jetzt hast du ja gesagt: bei uns daheim in Nürnberg! Das hast du noch nie gesagt. Daheim, das war bei dir doch immer –"
„Überall sammelt sich Gerümpel an, wenn man nicht aufpasst, auch im Kopf", sagte der Großvater. „Man muss ab und zu gründlich aufräumen und ausmisten."
Gabi musste lachen. Gerümpel im Kopf! Den Kopf ausmisten!
„Recht hat er", sagte die Großmutter. „Was man nicht mehr gebrauchen kann, sollte man nicht jahrzehntelang aufheben. Übrigens, wenn ich ehrlich bin, muss ich gestehen, dass mir's sehr schwer fiele, von Nürnberg wegzugehen."
„Vierzig Jahre, das ist kein Pappenstiel", sagte der Großvater.
„Was hat denn die Tschechin beim Abschied zu euch gesagt?", fragte Gabi.
„Sie hat uns für morgen eingeladen", antwortete die Großmutter.
„Da ist ihr Mann zu Hause. Und die Nachbarsleute will sie auch dazubitten, denen jetzt das Haus gehört, in dem ich geboren bin. Zum Kaffee. Rührend. Wo doch in der Tschechoslowakei der Kaffee so teuer ist."

- *Warum ist Gabi oft nicht der gleichen Meinung wie ihre Großeltern?*
- *Was meinte die Großmutter mit folgender Aussage: „Wir hätten nicht hierher fahren sollen. Solange man die Leute nicht kennt, sieht sich das alles so einfach an: hier das Recht und da das Unrecht. Aber jetzt –?"*

Asmirs Flucht

Diese von Christobel Mattingley erzählte Geschichte beruht auf tatsächlichen Ereignissen. Der Bürgerkrieg im ehemaligen Jugoslawien hat Asmirs moslemische Familie zur Flucht aus Sarajewo bis nach Wien geführt.

Eldar
Asmirs kleiner Bruder
Muris
Asmirs Vater
evakuieren
Die Bewohner zeitweilig oder dauernd aussiedeln

Asmir rannte in sein Zimmer. Seine Mutter wusch gerade *Eldar,* der immer noch fiebrig und bleich aussah. Sie sagte zu Asmir, er solle alle Kleidungsstücke doppelt anziehen.
Kurz darauf fühlte sich Asmir wie ein Pinguin, der schwerfällig vorwärtswatschelt.
„Wo ist Papa?“, fragte er.
„Er ist zur Arbeit gegangen.“
Asmir dachte an die Heckenschützen, die sich in den kaputten Häusern versteckten und vorübergehende Leute erschossen. Nicht *Muris!* Nur nicht Muris! Er musste sein Büro sicher erreichen! Vielleicht würde er in ein paar Minuten anrufen, um ihnen zu sagen, dass er gut angekommen war.
Seine Mutter zog Eldar an. „Ich kann das für dich machen“, bot Asmir an. „Du kommst sonst zu spät zur Arbeit.“
„Ich gehe sowieso nicht hin“, antwortete sie, und Asmir fiel die zerbombte Fabrik ein. Seine Mutter zog auch Eldar jedes Kleidungsstück doppelt an. Er sah aus wie ein Teddybär. Zwei Paar Schuhe konnten sie aber nicht anziehen, darum stopfte Asmir ihre Sandalen zu den Spielsachen im Rucksack.
Das Telefon klingelte. „Ich geh ran“, rief Asmir und lief los. Er rechnete damit, Muris' Stimme zu hören. Statt dessen war es Tante Melita, die aus Belgrad anrief.
„Ich muss mit deiner Mutter sprechen“, sagte sie, und ihre Stimme klang gespannt wie eine Gitarrensaite.
Asmir stand ganz nah bei seiner Mutter, so dass er Tante Melitas Worte hören konnte. „Meine Zeitung versucht heute mit einem Militärflugzeug Kinder und Frauen zu *evakuieren.* Ich habe eure Namen auf die Liste gesetzt. Auf dieser Liste stehen schon über zweihundert Leute. Das Flugzeug kann aber nur vierzig mitnehmen. Wenn ihr mitwollt, müsst ihr in dreißig Minuten am Busbahnhof in der Stadt sein.“
„Aber das ist drei Kilometer entfernt!“, rief Mirsada. „Muris ist zur Arbeit gegangen, und unser Auto ist von einer Bombe getroffen worden. Es gibt keine öffentlichen Verkehrsmittel und keine Taxis. Und Eldar ist krank.“
„Das ist vielleicht eure letzte Chance, Mirsada“, drängte Melita. „Du musst es versuchen, wegen der Kinder und wegen Mutter!“
Dann wurde die Leitung plötzlich unterbrochen.

Asmir, neun Jahre alt

Asmir sah seine Mutter an. Ihr Gesicht war unbeweglich wie eine Maske, angespannt und bleich. „Sag Großmutter, sie soll sich fertigmachen. Wir müssen in fünf Minuten gehen“, sagte sie dann.
Asmir lief in das Zimmer seiner Großmutter. Aber er musste nichts sagen. Sie war schon dabei, Kleider in eine Tasche zu stopfen. „Jetzt?“, fragte sie nur. Asmir nickte. Dann lief er in die Küche. Er hatte nicht gefrühstückt, darum stürzte er nur schnell einen Becher Wasser hinunter und stopfte zwei Scheiben Brot in seine Taschen.
Seine Mutter telefonierte wieder. Asmir lehnte sich an sie. Er hörte seinen Vater sagen: „Du schaffst es, Dada.“ Er mochte es, wenn sein Vater sie Dada nannte. „Du schaffst es. Du musst es tun. Für mich.“
Dann gab es ein Knacken und ein Krachen, und wieder war das Gespräch unterbrochen. Asmir hoffte von ganzem Herzen, dass es nur die Leitung war, die getroffen wurde.
Seine Mutter wickelte Eldar in eine Decke. Sie legte ihn in Großmutters Arm und nahm die beiden Koffer. Asmir schwang sich den Rucksack auf den Rücken und griff nach Großmutters Tasche. Die Tür schlug hinter ihnen zu. Ihre Schritte klapperten auf den Stufen. Asmir öffnete die Haustür. Sie eilten hinaus auf die verwüstete und von Trümmern übersäte Straße.
„Wir haben nicht einmal fünfundzwanzig Minuten, bis der Bus zum Flughafen abfährt“, keuchte Mirsada.
„Folgt mir“, sagte die Großmutter. „Es gibt keine Abkürzung in Sarajewo, die ich nicht kenne. Die Gassen werden sicherer sein als die Hauptstraßen.“ Sie übernahm die Führung, schlängelte sich durch Winkel, Höfe und Seitenstraßen, umging Krater und Schutt, ausgebrannte Autos und Tote. Es blieb nicht einmal Zeit, um nachzusehen, ob die Toten Freunde gewesen waren. Großmutter schob Eldar von einer Hüftseite auf die andere, und Asmir wechselte ihre Tasche von einer Hand in die andere. Sein Atem ging in kurzen, ängstlich keuchenden Stößen. Ihm war schlecht, und er wünschte, er hätte das Wasser nicht getrunken, das nun in ihm herumschwappte. Seine Mutter verließen die Kräfte. Asmir griff mit seiner freien Hand nach einem

Auch in Bosnien zählen die Kinder zu den Hauptleidtragenden des Krieges gegen die Zivilbevölkerung.

ihrer Koffer. Der Koffer hatte zwar kleine Rollen, aber die nützten auf der zerstörten, aufgerissenen Straße überhaupt nichts. Außer Atem zog und zerrte er. Verzweifelt wünschte er, er wäre größer, stärker und älter. Muris, dachte er, wie soll ich nur deine Aufgaben erfüllen? Ich bin erst neun Jahre alt, und mir ist so schlecht. Das Wasser kam ihm in einem plötzlichen Schwall hoch und spritzte über das dunkle Pflaster. Asmir wischte sich nicht mal den Mund ab. Er hatte jetzt keine Hand frei, und er hätte dafür stehenbleiben müssen. Er war sowieso schon hinter den anderen zurück. Zurück, zurück, zurück. Weiter, weiter, weiter! Beeilung, Beeilung, Beeilung! Schneller, schneller, schneller! Oh, Muris, warum bist du nicht hier?

Seine Mutter wartete auf ihn. „Danke, dass du mir den Koffer abgenommen hast. Jetzt werde ich es schaffen."

„Bist du sicher, Dada?", sagte er . . . Immer weiter. Bis zur Ecke. Im quälenden Laufschritt zurück, wenn der Weg versperrt war. Den Lärm der Granaten hören. Den Feuerschlag der Gewehre sehen. Das Prasseln der einstürzenden Ziegelwände. Blutende Menschen und noch mehr Blut auf dem Pflaster.

Asmir überlegte, wann er wieder in seinem eigenen Bett aufwachen würde. Ob der Alptraum bald zu Ende war? Wenn nur Muris wieder seine Arme um ihn legen würde. Dann hörte er ihn sagen: „Krieg ist immer Unsinn." Und er wusste, er würde nie mehr in seinem eigenen Bett aufwachen. Nie mehr. Die Tränen machten das Vorwärtskommen noch schwerer. Es war schwierig, die Löcher zu sehen, die Hindernisse und Gefahren. Er fiel, rappelte sich auf, fiel wieder.

„Wir sind gleich da", rief seine Mutter ihm zu.

Dann sah er Muris. Muris lief auf ihn zu. Muris hob ihn hoch, mit Tasche und allem. Muris lief mit ihm in den Armen über die Ziellinie.

„Wir haben es geschafft", sagte Asmir.

„Noch nicht ganz", antwortete sein Vater.

Viele Mütter warteten hier mit ihren Kindern und Bergen von Taschen und Bündeln. Dann kam ein großer Bus, und alle begannen zu drängeln, um einzusteigen. Asmir war froh, dass sein Vater da war. Er half auch anderen Müttern und Großmüttern, stopfte ihre Sachen dahin, wo noch nicht mal eine Schachtel Streichhölzer hineingepasst hätte.

Der Bus war fast zur Abfahrt bereit, als plötzlich Soldaten auftauchten. Sie packten die Männer, die geholfen hatten. Sie packten auch Asmirs Vater an den Armen. In diesem Moment startete der Fahrer den Motor, und der Bus fuhr davon.

Asmir fasste die Hand seiner Mutter. „Papa!", schrie er wie die anderen dreißig Kinder, und einige begannen zu weinen.

Und jeden Moment brachte sie der Bus weiter von ihren Vätern weg.

- *Muris sagte: „Krieg ist immer Unsinn." Sprecht darüber.*
- *Wie könnte sich Asmirs Schicksal weiterentwickelt haben?*
- *Überlege, was du mitnehmen würdest, wenn du flüchten müsstest.*

Lesetipps

Antike

Kneifel, H., Pompeji. Flucht aus Feuer und Asche. Spannende Erzählung, die den entsetzlichen Ausbruch des Vesuvs im Jahr 79. n. Chr. zum Inhalt hat.

Mittelalter

Behrens, J., Hier wollen wir leben, Stuttgart, Freies Geistesleben.
Goten finden im 2. Jh. zwischen Römern, Kelten u. a. Germanen eine neue Heimat.

Neuzeit/Neueste Zeit

Nuscheler, F., Nirgendwo zu Hause, Menschen auf der Flucht, dtv-junior, 79025, München 1988.
Der Autor zeigt, warum Menschen immer wieder und zu allen Zeiten in die Flucht getrieben wurden.

Rutgers, An, Die Kinderkarawane, dtv-junior, München 1999.
Wahre Geschichte der sieben Sager-Kinder, die im Jahr 1844 ganz allein durch den wilden Nordwesten Amerikas gezogen sind. Ursprünglich gehörten sie zu einem großen Treck von Auswanderern.

Smith, M., Boston! Boston! dtv-junior, 70546, München 1999.
Liam und Tom fliehen vor dem Hunger in Irland nach Amerika.

Wölfel, U., Mond, Mond, Mond, dtv-junior, München 1990.
Mond, Mond, Mond ist eine Reise in die Vergangenheit des sich ständig auf der Flucht befindlichen Volkes der Roma und Sinti.

Zeitgeschichte

Baillie, A., Kleiner Bruder, Boje, Erlangen 1988.
Vithy, elf Jahre alt, flieht vor den Soldaten der Roten Khmer.

Klement, R., Durch den Fluss, Jungbrunnen, Wien/München 1987.
Zwei tschechoslowakische Grenzsoldaten fliehen über den „Eisernen Vorhang“ nach Österreich.

Schwarz, A., Wir werden uns wiederfinden, eine Kindheit zwischen 1944 und 1950, dtv-junior, 78065, München 1995.
Erlebnisse eines Mädchens bei der Vertreibung 1944/45 aus dem Riesengebirge.

Verwendete Literatur (Texte gekürzt und vereinfacht)

Geht, geht oder ich werde euch mit Gewalt vertreiben“
Zitelmann Arnulf, Mose, der Mann aus der Wüste, dtv-junior, 70382, München 1995, S. 243/44 und 246 – 249.

Fahrt ins Ungewisse
Entdeckungsreisen 2, ÖBV, Wien 1994, S. 49 f.

Xenophanes macht sich unbeliebt
Geschichte mit Pfiff 9/83, S. 15/16.

Ein entlaufener Sklave
Schreiber Georg, Segelschiffe aus Phokaia, zitiert nach Österreichischer Buchklub Jahrbuch 7/1966, S. 57 – 64.

Stadtluft macht frei!
Geschichte mit Pfiff, 3/83, S. 21 ff.

Flucht nach Preußen
Geschichte mit Pfiff, 6/1981, S. 21 f.

Nichts hält uns in Irland zurück
Lutzeier Elisabeth, Der Weg in die Fremde, Klopp, Berlin/München 1992, S. 192 – 201, zitiert nach: Geschichte lernen, Heft 33, Klett, 1993, S. 10.

Verfolgt – verjagt – geflohen
Erinnern und Urteilen 9, Klett, Wien 1993, S. 132.

Mich hat man vergessen
Erben Eva, Mich hat man vergessen, Beltz und Gelberg, Weinheim 1996, S. 32 – 39.

Flucht aus dem Osten
Recheis Käthe, Flucht aus dem Osten, in: Tauschinski Oskar Jan, Der Eisstoß, Jungbrunnen, Wien/München 1984, S. 103 –108.

Ein Schiff für Vietnam
Bartos Burghard, Abenteuer Cap Anamur, Ueberreuter, Wien 1991, S. 54 – 61.

Sie hat uns für morgen eingeladen
Pausewang Gudrun, Ich hab einen Freund in Leningrad, Maier, Ravensburg 1986, S. 46 – 57.

Asmirs Flucht
Mattingley Christobel, Asmirs Flucht, Ellermann, München 1994, S. 17 – 24.

Bildnachweis

3/ 1	aus: Heft: Die Salzburger Nachrichten zur Landesausstellung auf Schloss Goldegg im Pongau 1981, Umschlagbild (SMCA)
3/ 2	aus: Geschichte mit Pfiff 4/95, Titelbild (AKG, Berlin)
3/ 3	aus: Katalog:.....nach Amerika, Burgenländische Landesausstellung 1992, Burg Güssing, S. 138 (Landesarchiv Eisenstadt)
3/ 4	aus: Eva Erben, Mich hat man vergessen, Beltz & Gelberg, Weinheim und Basel 1996, Umschlagbild (Eva Erben)
3/ 5	aus: Heft: Flüchtlinge, S. 17 oben
5/ 1	aus: Arnulf Zitelmann, Mose der Mann aus der Wüste, dtv, München 1995, S. 6/7 (Arno Görlach)
6/ 1	aus: Arnulf Zitelmann, Mose der Mann aus der Wüste, dtv, München 1995, Umschlagbild (Peter Knorr)
7/ 1	aus: Geschichte mit Pfiff 9/ 83, S. 8 (Tessloff Verlag)
8/ 2	öbv&hpt, Wien (Dominic Groebner)
10/ 1	aus: Geschichte mit Pfiff 9/83, S. 16
11/ 1	aus: So lebten sie im alten Griechenland, Tessloff Verlag, Nürnberg 1982, S. 24 (Pierre Probst)
12/ 1	aus: Geschichte mit Pfiff 3/ 85, S. 43 (BPK)
13/ 1	aus: Margaret Oliphant, Atlas der alten Welt, Frederking und Thaler, München 1994, S. 30 (Harry Clow)
15/ 1	aus: Die Frühgeschichte der Menschheit, Bertelsmann Lexikon Verlag, Gütersloh/ München 1992, S. 78 (Jean-Philipp Chabot)
16/ 1	aus: Margaret Oliphant, Atlas der alten Welt, Frederking und Thaler, München 1994, S. 30 (Harry Clow)
17/ 1	Wilfried Zeller-Zellenberg
20/ 1	öbv&hpt, Wien (Steve Becke)
21/ 1	aus: Geschichte mit Pfiff 6/81, S. 21 (AKG, Berlin)
22/ 1	aus: Heft: Die Salzburger Nachrichten zur Landesausstellung auf Schloss Goldegg im Pongau 1981, Umschlagbild (SMCA)
24/ 1	aus: Katalog:.....nach Amerika, Burgenländische Landesausstellung 1992, Burg Güssing, S. 138 (Landesarchiv Eisenstadt)
26/ 1	aus: Erinnern und Urteilen 9, Klett, Stuttgart 1993, S. 132 (1 u. 5 AKG, Berlin; 2 u. 4 dpa, Framkfurt; 3 VG Bild-Kunst, Bonn 1992; 6 Süddeutscher Verlag, München)
27/ 1	aus: Eva Erben, Mich hat man vergessen, Beltz & Gelberg, Weinheim und Basel 1996, S. 75 (Eva Erben)
28/ 1	aus: Eva Erben, Mich hat man vergessen, Beltz & Gelberg, Weinheim und Basel 1996, Umschlagbild (Eva Erben)
29/ 1	aus: Eva Erben, Mich hat man vergessen, Beltz & Gelberg, Weinheim und Basel 1996, S. 80 (Eva Erben)
30/ 1	aus: Geschichte mit Pfiff 11/98, S. 27 (AKG, Berlin)
33/ 1	aus: Geschichte mit Pfiff 4/95, Umschlagbild (AKG, Berlin)
35/ 1	aus: Burghard Bartos, Abenteuer Cap Anamur, Ueberreuter, Wien 1991, S. 55 (Jürgen Escher, Herford)
36/ 1	aus: Burghard Bartos, Abenteuer Cap Anamur, Ueberreuter, Wien 1991, S. 59 (Jürgen Escher, Herford)
37/ 1	aus: Burghard Bartos, Abenteuer Cap Anamur, Ueberreuter, Wien 1991, S. 79 (Jürgen Escher, Herford)
38/ 1	Keystone, Wien
41/ 1	peca 8234 Wessing, Germany
44/ 1	aus: Christobel Mattingley, Asmirs Flucht, Verlag Heinrich Ellermann, München 1994, Umschlagbild (Elisabeth Reuter)
45/ 1	aus: Geschichte mit Pfiff 4/ 95, S. 35 (Süddeutscher Verlag, München)

Nicht in allen Fällen war es uns möglich den Rechteinhaber der Abbildungen ausfindig zu machen. Berechtigte Ansprüche werden selbstverständlich im Rahmen der üblichen Vereinbarungen abgegolten.